HÉROES CRISTIANOS DE AYER Y DE HOY

LA INTRÉPIDA RESCATADORA

La vida de Amy Carmichael

LA INTRÉPIDA RESCATADORA

La vida de Amy Carmichael

JANET & GEOFF BENGE

EDITORIAL JUCUM

P.O. BOX 1138 TYLER, TX 75710-1138

Editorial JUCUM forma parte de Juventud con una Misión, una organización de carácter internacional.

Si desea un catálogo gratuito de nuestros libros y otros productos, solicítelo por escrito o por teléfono a:

Editorial JUCUM
P.O. Box 1138, Tyler, TX 75710-1138 U.S.A.
Correo electronico: info@editorialjucum.com
Teléfono: (903) 882-4725
www.editorialjucum.com

La intrépida rescatadora: La vida de Amy Carmichael

Quinta edición 2018

ISBN 978-1-57658-309-8

Impreso en los Estados Unidos

HÉROES CRISTIANOS DE AYER Y DE HOY
Biografías

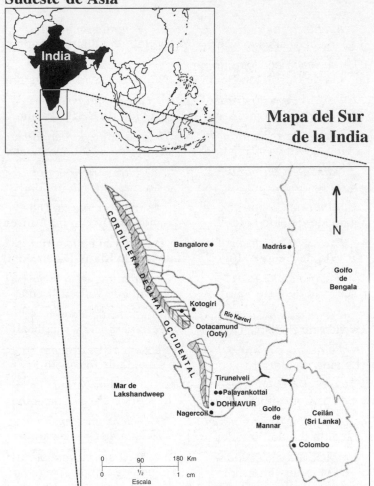

Sudeste de Asia

India

Mapa del Sur
de la India

N

Bangalore ●

Madrás ●

Golfo
de
Bengala

CORDILLERA DEGHAT OCCIDENTAL

Kotogiri ●

Río Kaveri

Ootacamund
(Ooty)

Tirunelveli

Mar de
Lakshandweep

●● Palayankottai
● DOHNAVUR

Nagercoil ●

Golfo
de
Mannar

Ceilán
(Sri Lanka)

● Colombo

0   90   180 Km

0   ½   1 cm

Escala

Índice

El balanceo bajo la lluvia

Las olas rompían contra la proa del vapor *Yokoha-ma Maru* lanzando enormes cortinas de agua que barrían la cubierta. Ningún pasajero se daba cuenta de esto. Sentían tantas náuseas que no prestaban atención a nada más. La mayoría se había congregado en el gran salón del buque, demasiado asustados para permanecer por debajo de la cubierta, mientras el buque se estremecía y oscilaba violentamente de un lado a otro. El olor a vómito invadía todos los rincones.

Amy Carmichael, una joven irlandesa, estaba sentada en un rincón, más indispuesta que nunca. Tenía la impresión de haber estado toda su vida a bordo del buque, pero sólo llevaba cuatro días. La travesía de Shanghai a Japón había sido muy tranquila. No obstante, en medio del mar Amarillo, el barco fue sorprendido por un tifón y, a consecuencia de ello, golpeado sin compasión por un mar encrespado y tormentoso. Lo único que Amy deseaba era volver a poner pronto los pies en tierra firme.

Justamente cuando pensaba que ya no podía soportar ser zarandeada ni una vez más por el mar, el capitán, envuelto en un impermeable de hule, entró en el salón. Habló primero en japonés, mascullando frases cortas y agudas. Luego se volvió hacia Amy y en un inglés chapurreado le dio una buena noticia. El *Yokohama Maru* estaba enfrente de Shimonoseki, el puerto de destino. Amy dio un suspiro de alivio. Luego el capitán le dio una mala noticia. Por causa del viento y de las enormes olas no había manera de que el barco pudiera atracar. Deberían permanecer fuera del muelle y capear el temporal.

Cuando el capitán salió del salón, Amy vomitó en el cubo que tenía a mano y se preguntó cuánto tardaría en apaciguarse la tormenta. Se sintió terriblemente mal. Como estaba cansada de estar sentada y del malestar, pensó que tal vez caminando se le asentaría un poco el estómago revuelto. Pero sabía que eso no surtiría efecto. No había resultado en otras ocasiones en que lo intentó. No obstante tenía que salir del aire enrarecido del salón. Se echó el manto de lana sobre los hombros y, gateando, se puso de pie.

Salió dando tumbos a la cubierta y respiró profundamente. Se agarró con fuerza a la barandilla lateral, mientras el agua le mojaba los tobillos y le salpicaba el rostro. Lanzó una mirada ansiosa en dirección a Shimonoseki esperando que el viento y el mar se calmaran lo suficiente para que el buque pudiera atracar.

Mirando hacia Shimonoseki, Amy contempló una escena insólita, al menos en el centro de un tifón. Un remolcador de vapor emergió en medio de la cegadora lluvia y la ondulante marejada. Se acercó a veinte pies de la banda de estribor del *Yokohama Maru*; subía y bajaba con el oleaje. Uno de los marineros gritó unas palabras al capitán, y en pocos instantes el grupo de pasajeros y la tripulación se asomaron por la cubierta para mirar más de cerca. El capitán del *Yokohama Maru* y el del remolcador intercambiaron gritos y gestos. Amy no entendía ni una palabra de lo que decían, aunque esperaba que tuviera que ver con el arrastre del *Yokohama Maru* al muelle. Pero, al parecer, no resolvieron remolcarlo. Al contrario, el capitán anunció que los pasajeros iban a ser trasbordados al remolcador y llevados a Shimonoseki. Se hizo bajar la grúa de estribor, y se ató una red de cuerda a su brazo. Cuando el primer pasajero fue colocado en la red y elevado en el aire, Amy se espantó. Ella quería poner pie sobre suelo sólido en Shimonoseki, lo antes posible, pero esto no era lo que había imaginado. El brazo de la grúa giró sobre el costado del *Yokohama Maru* hacia el remolcador. El hombre que iba dentro de la red quedó aterrado, colgando sobre las espumosas aguas, antes de ser descargado sobre la cubierta del abatido remolcador. Un tripulante ayudó al primer pasajero a salir de la red, la cual volvió a ser izada sobre el *Yokohama Maru* para trasbordar a un nuevo pasajero.

Uno por uno, los pasajeros fueron trasbordados al remolcador hasta cuando le llegó el turno a Amy. Ella se metió en la red a regañadientes. Antes de que pudiera cambiar de idea los tripulantes que operaban el cabrestante tiraron de una palanca, y la red de cuerda se extendió alrededor de Amy y la dejó suspendida sobre la cubierta. Con un movimiento brusco el extremo del brazo de la grúa se desplazó sobre el costado del barco. Amy osciló como un péndulo en la lluvia. Vio las agitadas olas que se abalanzaban sobre ella. La espuma le calaba la ropa. Pronto estuvo sobre la popa del remolcador y fue balanceada de un lado a otro, mientras el brazo de la grúa la hizo descender. Uno de los tripulantes del remolcador asió la red y la sujetó mientras Amy cayó de trasero en la cubierta. Rápidamente el tripulante la ayudó a salir de la red y ella se sumó a los demás pasajeros.

Finalmente, cuando todos los pasajeros hubieron descendido sobre el remolcador, se cargó el equipaje en la red y se transfirió al remolcador. Después de intercambiar unas cuantas voces más entre el capitán del remolcador y el del *Yokohama Maru*, y luego de un estruendoso silbido de la bocina de vapor del remolcador, las dos naves se separaron.

Si el viaje en el *Yokohama Maru* había sido rematadamente malo, el del remolcador fue sumamente peligroso. Amy oró fervorosamente durante toda la travesía. El pequeño remolcador no surcaba el mar tormentoso como lo hiciera el barco más grande, sino que subía y bajaba por entre las olas gigantes. En la cresta de las olas el remolcador se inclinaba hacia delante o hacia el costado, tanto, que Amy pensó que seguramente zozobraría. Por fin se divisó el horizonte de la costa japonesa, y los pasajeros prorrumpieron en vítores de júbilo.

Los pies de Amy volvieron a pisar tierra firme. Su sombrero de fieltro chorreaba gotas de lluvia que formaban canales sobre su vestido de algodón. Inhaló profundamente el aire de Shimonoseki y lo exhaló despacio. Por primera vez en varios días no sintió ganas de vomitar. Había conseguido llegar a Japón. Después de haber atravesado medio mundo se encontraba finalmente allí. ¡Qué aventura tan extraordinaria! Hubo que salvar muchos peligros durante el viaje. Pero los riesgos y la aventura no eran nuevos para Amy Carmichael. Ella siempre había estado dispuesta a correr grandes riesgos para conseguir sus propósitos.

Capítulo 2

Sombras en el ático

«Amy —Amy Carmichael—, ¿me oyes?» Amy miró a su profesor y trató de volver a pensar en la trigonometría, pero lo cierto es que llevaba un buen rato sin escucharlo. Tenía en la cabeza cosas más importantes que las matemáticas. Corría el 12 de septiembre de 1882, y era una fecha muy especial. Amy no estaba dispuesta a perderse el acontecimiento del día. ¡Qué crueldad la del profesor de astronomía al comentar a sus alumnas lo del «*gran cometa Septiembre*»! Aun sabiendo que ninguna de las chicas del internado *Marlborough House* obtendría permiso para presenciar el espectáculo, les anunció el paso del Cometa. Amy hizo todo lo que pudo para lograr una excepción a la norma que regía el dormitorio de las chicas, pues no podían acostarse después de las 9 de la noche. Nada fue posible.

Habló con la señorita Kay, directora del internado, y le suplicó que les permitiera levantarse a media noche para ver pasar el Cometa. Sin embargo, hubiera o no Cometa, la señorita Kay no tenía intención de transgredir las normas en lo más mínimo.

Amy no quería enfrentar a la señorita Kay, pero, como de costumbre, fue elegida por sus compañeras para hacerlo. Había muchas otras chicas que pasaban de catorce años, pero Amy era una líder natural. Tenía el coraje que algunas chicas envidiaban. Incluso el golpear firmemente a la puerta de la señorita Kay no le intimidó en absoluto. Y cuando ésta rechazó lo que Amy había creído que era un argumento bien equilibrado para que se les permitiera ver el Cometa, salió del despacho con la cabeza bien alta. Las otras chicas dependían de ella y confiaban que podrían encontrar otra manera de presenciar el espectáculo. Ese fue el pensamiento que la distrajo durante la clase de trigonometría. Entonces comenzó a concebir un plan en su mente. ¿Qué podía impedirles observar furtivamente el Cometa desde el ático del edificio? De este modo no tendrían que salir afuera; y si se mantenían en silencio, la guardiana del dormitorio no las oiría. Amy estaba segura de que el plan daría resultado.

Pero tenía que imaginar una manera de mantener despiertas a las chicas hasta la medianoche. Sabía que ella misma se mantendría despierta, pues la emoción de ver el Cometa no la dejaría quedarse dormida. Pero, en caso de que alguna niña fuera vencida por el sueño sería muy difícil despertarla, y podría provocar algún ruido que las delatara.

Cuando todas las chicas se pusieron sus largos camisones blancos de franela y se arreglaron para acostarse, Amy ya sabía cómo mantenerlas despiertas. Se aclaró la garganta, se retorció su larga cabellera marrón y contó a las chicas la decepcionante visita a la señorita Kay. Varias chicas agacharon la cabeza; pero Amy hizo una pausa para producir un efecto dramático y luego les mostró un carrete de hilo de coser que había sacado a escondidas del taller de la clase de costura. «Esta es nuestra respuesta», —dijo jubilosa— sujetando el hilo en el aire. Las chicas se mostraron muy sorprendidas.

Una vez más Amy, antes de continuar, hizo una pausa para producir suspenso.

«Todas recibirán un trozo largo de hilo. Después que se apaguen las luces deben atar un extremo del hilo al dedo gordo del pie».

Un murmullo de risitas brotó de entre las chicas.

Amy continuó. «Cuando hayan atado el hilo al dedo gordo del pie, vienen y me traen el otro cabo del hilo. Yo sujetaré los extremos de todos los hilos y tiraré de ellos de vez en cuando para que no se duerman. Cuando yo escuche sonar las doce de la noche tiraré dos veces del hilo. Esa será la señal. Todas nos levantaremos de la cama, nos deslizaremos hasta el ático y veremos el Cometa cruzar el firmamento. ¡Eviten pisar el tercer escalón de la escalera! ¡Chirría!». Todas las chicas rieron entrecortadamente, asintieron y se dispusieron a atar el hilo al dedo gordo del pie. De vez en cuando, después que las luces fueron apagadas, Amy tiraba de los hilos para mantener a todas las chicas despiertas.

Por fin el reloj marcó las doce y Amy tiró dos veces de los hilos. Las chicas se sentaron sobre las camas y se desataron los hilos. En silencio, hicieron una fila delante de la puerta. Esto lo hicieron sin darse cuenta, porque para todo lo que se hacía en el internado, como ir a la capilla o al comedor, había que hacer fila. La fila cruzó la puerta, pasó por delante del dormitorio de la guardiana y subió la escalera. El grupo se deslizó hasta el ático como una fila de fantasmas. Con sumo cuidado Amy giró la manilla de bronce de la enorme puerta de roble que franqueaba la escalera. La manilla no chirrió. Amy abrió la puerta despacio e invitó a las chicas a salir. Una vez que la puerta se cerró, las chicas se juntaron en silencio bajo la luz de las estrellas.

Cuando se les adaptaron las pupilas a la pálida luz de la luna que bañaba el ático, Amy tuvo una rara sensación. Miró cuidadosamente en derredor. El ático estaba lleno de figuras entre las sombras. Se percibían contornos de muebles viejos y montones de libros, pero también otras formas como de personas en un rincón. Amy escrutó en la oscuridad tratando de identificarlas, y pronto las formas se convirtieron en perfiles humanos. Luego, pavor de pavores, se convirtieron en los de la señorita Kay y otros tres profesores.

En ese momento la señorita Kay encendió una vela. Varias niñas gritaron. Amy se escurrió. La señorita Kay descubriría sin duda que Amy había planeado esta aventura. Después de todo ella era responsable de la mayor parte de las travesuras que ocurrían en *Marlborough House.*

Afortunadamente el Cometa debía pasar en cualquier momento, de modo que la señorita Kay les mandó guardar silencio con un ademán de su mano. Así, Amy y todas las chicas del dormitorio consiguieron ver el Cometa, pero no en la compañía que hubieran deseado.

Una vez que el Cometa hubo pasado la señorita Kay miró directamente a Amy.

—Te veré en mi despacho después del desayuno.

—Si señorita—, dijo Amy con reverencia.

Las chicas volvieron penosamente al dormitorio, sin preocuparse esta vez de esquivar el tercer escalón.

Amy apenas durmió un poco aquella noche. No le importaba ser castigada; había sido castigada muchas veces antes. *«Pero, ¿y si esta vez me expulsan y me envían a Irlanda? ¿Qué dirán mis padres?».*

Aborrecía la idea de que su regreso a casa trajera deshonra a la familia. Sus padres sufrirían una gran decepción; además, tenía que ser ejemplo para sus seis hermanos y hermanas. ¡Ojalá que no fuera irlandesa! Ese era el problema. Con sus centelleantes ojos marrones y su viva imaginación, no parecía encajar en un colegio de niñas inglesas. Era un colegio excesivamente estricto. Todo allí se hacía a toque de campana y a golpe de horarios. A duras penas salía un momento al aire libre. Si no hubiera sido por la caja de crisantemos que su madre, Catherine Carmichael le enviara, y por aquel lirio blanco que una de las niñas dejó olvidado, Amy no hubiera tenido ni un contacto con la naturaleza. En Irlanda ella podía admirarla desde la ventana del segundo piso de la guardería, frente al mar, golpeando contra las rocas de Millisle allá en el fondo del paisaje.

¡Cuánto echaba de menos el mar y los charcos que formaban las olas con sus tesoros cotidianos! Y echaba de menos sus mascotas. En Marlborough House sólo había un gato gruñón que se erizaba cuando Amy se atrevía a mirarle. En Irlanda se había quedado Gildo, el perro collie que se pasaba el tiempo acostado delante de la puerta esperando que alguien saliera y jugara con él. Y Daisy, la gata amarilla y blanca que le gustaba estirarse en la escalinata de la cocina. Luego estaban los dos caballitos ponis, Fannie y Charlie. ¡Cómo disfrutaba montándolos! Tres años en el internado de Inglaterra era mucho tiempo para estar separada de todos ellos. Amy anhelaba volver a casa, pero no podía hacerlo cayendo en desgracia. Por lo que a pesar de sentir nostalgia, esperaba y oraba que la señorita Kay no la expulsara del colegio.

Cuando la luz comenzó a filtrarse por las cortinas Amy seguía sin conciliar el sueño. Pensó en la casita de muñecas que le habían regalado en Navidad, cuando tenía ocho años. Estaba bellamente decorada y llena de delicados y diminutos muebles, pero había algo que le resultaba aburrido. El día después de Navidad sacó los diminutos muebles de la casita de muñecas y los sustituyó por musgo que hiciera de alfombra, y algunas ramitas verdes como plantas de interior. El cambio logró que pareciera un sitio mucho más interesante. Salió al manzano que tenían en el patio y recogió hormigas, bichos y

escarabajos y los puso en la casita. Pasó horas enteras observando cómo subían y bajaban las hormigas, hasta que su niñera la descubrió y la obligó
a sacar el musgo y los insectos.

La escuela de Inglaterra era como la casita de
muñecas. A veces resultaba aburrida y ella deseaba poner musgo que sirviera de alfombra, y meter
algunos «amigos nuevos» para convertirla en un
lugar interesante.

Amy tenía los ojos hinchados de sueño cuando
recogió su desayuno en el comedor comunitario.
Cuando todas las demás niñas salieron del comedor ella tuvo que presentarse ante la señorita Kay.
A diferencia de Amy, la señorita Kay había dormido
muy bien. Mostraba buen estado de ánimo cuando
Amy llamó a la puerta de su despacho y se detuvo
delante de su escritorio. La señorita Kay le dijo que
se sentía decepcionada por la conducta que había
exhibido la noche anterior, y le insistió en que debía dedicar su capacidad de liderazgo a guiar a las
otras chicas a hacer lo correcto en vez de desobe-
decer a la autoridad. Después de un largo sermón
Amy esperó, casi desmayada, para ver hasta dónde
quería llegar la señorita Kay. ¿Sería expulsada? Afortunadamente no lo fue. En vez de ello tuvo que realizar algunas actividades extra. Tuvo que levantarse
media hora antes cada mañana para limpiar las pa-
rrillas de la chimenea y además, todos los sábados
durante un mes, tuvo que ayudar a la criada de la
cocina a pulir la cubertería del colegio. En los dos
meses siguientes las cosas transcurrieron sin ninguna dificultad para Amy. Ya no había cometas ni

acontecimientos extraordinarios a la vista, así que se centró una vez más en el estudio.

No obstante, en noviembre, justo antes de cumplir los quince años, Amy fue llamada al despacho de la señorita Kay. Esta vez la señorita le pidió que se sentara.

Le dijo que le tenía noticias difíciles. Amy y sus hermanos, Norman y Ernest, que asistían a un colegio de niños cercano, debían de regresar a Irlanda de inmediato. El padre de Amy, David Carmichael, no había dado razón alguna para ordenar el súbito regreso de los niños a casa, y decidió que no continuarían asistiendo al colegio. De modo que, en pleno año escolar, Amy empacó sus pertenencias y, acompañada de sus dos hermanos, subió a bordo de un tren que les llevaría desde la campiña de Yorkshire hasta Liverpool, para cruzar luego en un vapor el mar de Irlanda y llegar hasta su casa. Sólo que no era la misma casa que dejaron al partir. La familia de Amy tuvo que mudarse de la vieja casona de piedra gris, en el campo, a la ciudad de Belfast. Este cambio se debió al trabajo del señor Carmichael. El padre de Amy y su tío William eran propietarios de un gran molino en Millisle. El molino había pertenecido a la familia por más de cien años, y los dos hermanos lo mantuvieron lo más actualizado que pudieron. Era el primer molino de la región que contaba con rodillos nuevos para moler el trigo, los que eran accionados por vapor. Tenía incluso lámparas de gas.

Los hermanos Carmichael decidieron abrir otro molino más cerca de Belfast, así que la familia tuvo que trasladarse a una casa en College Gardens, en tanto que los tres hijos mayores estudiaban internos en un colegio. Pero las cosas no fueron tan bien como habían planeado. Por primera vez en cien años los molinos de los Carmichael perdían dinero. No importaba cuán eficazmente los dos hermanos administraran sus dos molinos. El problema no radicaba en los molinos, sino en los nuevos y rápidos *vapores* que cruzaban ahora los mares desde Norteamérica hasta Inglaterra. El trigo que se molía en los molinos de los Carmichael procedía de Norteamérica. Se embarcaba hasta Liverpool, Inglaterra, y luego se enviaba a Irlanda, al llegar a Irlanda, los Carmichael hacían la harina que era vendida en este país y en Inglaterra.

Los nuevos y rápidos barcos de vapor consiguieron, sin embargo, que fuera posible moler el trigo en Estados Unidos, y la harina fuera transportada directamente a Inglaterra, a donde llegaba en buen estado, no infestada de bichos, como solía suceder tras largos viajes en barcos de vela que cruzaban el Atlántico. Esto significaba que los molinos irlandeses tenían que producir su harina cada vez más barata para competir con la estadounidense. Para los Carmichael eso significaba que no había dinero para costear los internados de sus hijos en colegios privados, así que Amy y sus hermanos tuvieron que volver a casa.

A pesar de todo esto, Amy continuó estudiando música, pintura y canto en una escuela de educación social para señoritas en Belfast, lo que le venía como anillo al dedo. Ella se alegraba de que su

familia volviera a estar reunida. En muchos sentidos Marlborough House había sido para ella un lugar solitario; pero ahora no se sentía sola pues estaba acompañada de los seis hermanos y los cinco
primos del tío William que les visitaban a menudo.
Siempre había en casa suficientes niños como para
organizar juegos.

A Amy también le gustaba vivir en la ciudad. Se
le permitió explorar la ciudad de Belfast por sí misma. Le encantaba caminar y mirar los enormes edificios de ladrillo de cinco pisos que se levantaban
por casi toda la ciudad, así como ver pasar desde la
acera los tranvías arrastrados por caballos.

Un día, después de haber salido a explorar la
ciudad, Amy entró en el salón principal mientras
su madre y su padre sostenían una seria conversación. Parecía que su madre estaba a punto de llorar, y que su padre se encogía de hombros y decía:
«¿Qué puedo hacer yo?» Amy salió de la habitación
para no interferir con la privacidad de sus padres.
Pronto, sin embargo, descubrió de qué habían estado hablando. Además de los problemas económi-
cos suscitados por la harina barata que llegaba de
Estados Unidos, el señor Carmichael había prestado mil libras esterlinas a un amigo para ayudarle a
salir de un apuro económico. Pero el amigo había
perdido todo el dinero, y el señor Carmichael no quería arruinarlo ni presentar una demanda judicial. En
consecuencia, carecían del dinero necesario para
que Amy continuara estudiando en la escuela social. Amy se vio obligada entonces a enseñar a los
niños más pequeños en casa.

El señor Carmichael se preocupaba continuamente por el dinero. Pasaba muchas horas pensando sobre cómo podría haber hecho las cosas de otra manera. Se preocupó tanto que su salud empezó a debilitarse. En el mes de abril de 1885 contrajo una neumonía. Amy, con apenas diecisiete años, le cuidó día y noche, pero él no se recuperó como un hombre de cincuenta y tres años debería haberse recuperado, y al cabo de unas cuantas semanas falleció.

Todo cambió para Amy el día que murió su padre. Entró repentinamente en la edad adulta. Por ser la hija mayor cayeron sobre ella nuevas responsabilidades. Se encargaría de cuidar a los más pequeños. Y para alargar al máximo posible el dinero que su padre había dejado, ayudaría también a su madre a cuidar y limpiar la casa. Ya no podrían pagar a las criadas domésticas para que hicieran esas labores.

A pesar de todo Amy no malgastó tiempo sintiendo lástima de sí misma. Tenía un trabajo que hacer y su madre y sus hermanos dependían de ella. Si eso significaba que tendría que dedicar los diez años siguientes a cuidar de sus hermanos menores, lo haría sin vacilar. Y lo haría de la manera más divertida posible.

Capítulo 3

Una voz en la fuente

Transcurrió algún tiempo hasta que las cosas volvieron a la normalidad, y poco a poco la vida en el hogar de los Carmichael fue adquiriendo nuevos hábitos de vida. Pero hubo algo que no cambió. Los padres de Amy habían sido cristianos sinceros, y aunque su padre hubiera fallecido, cada domingo la señora Carmichael seguía llevando a sus hijos a la iglesia Presbiteriana de Rosemary Street. Toda la familia caminaba a la iglesia vistiendo su ropa de domingo. A Amy y sus hermanos Norman y Ernest les gustaba adelantarse a su madre y sus hermanos cuando volvían a casa. En uno de estos paseos, a la salida de la iglesia, sucedió algo que cambió por completo la vida de Amy.

Era un día muy frío y lúgubre. El reverendo Park, pastor de la iglesia Presbiteriana de Rosemary Street, había predicado un sermón excepcionalmente largo. Después de hora y media sentada en la iglesia, expuesta a las corrientes de aire frío, toda la familia Carmichael deseaba llegar a casa y acomodarse ante la chimenea del salón. Como de costumbre, Amy, Norman y Ernest avanzaron a grandes pasos serpenteando por las calles hasta College Gardens, cuando de pronto se encontraron con una mendiga que salió tambaleándose de una callecita lateral. Tenía la ropa raída y los pies envueltos en tiras de trapo atestadas de barro. Llevaba a la espalda un saco de carbón y una carga de leña. La anciana iba doblada por el peso de las cargas.

La mujer avanzaba con dificultad. Amy y sus dos hermanos se detuvieron a observarla. A pesar de las dificultades económicas de su padre, los hijos de los Carmichael se habían criado en un ambiente más desahogado que la mayoría de la gente. Pero siempre se les había enseñado a ayudar a otros, sin tener en cuenta si eran ricos o pobres. Y de inmediato, los tres se pusieron al lado de la anciana para ayudarla. Norman levantó la carga de su espalda, en tanto que Amy y Ernest la llevaron del brazo y caminaron a su lado. La anciana mendiga esbozó una sonrisa desdentada y señaló su camino hacia otro callejón, unos ochocientos metros más adelante.

Los tres miembros de la familia Carmichael esperaban ayudar a la anciana hasta un lugar cercano, pero el callejón que ella señaló estaba más lejos de lo que ellos habían imaginado. A pesar de todo la acompañaron hasta su destino. Amy y Ernest, vestidos con la mejor ropa, guiaron a la anciana andrajosa; mientras que Norman, vestido también de gala, les siguió con la carga de palos sobre su abrigo. Lo que no habían pensado era que, al paso lento que caminaba la anciana, otras personas de la iglesia les darían alcance. Y eso fue exactamente lo que sucedió. Uno por uno, varios miembros de la iglesia contemplaron la escena. Al pasar a su lado, Amy se sonrojaba cada vez que alguien la adelantaba, especialmente cuando una mujer se apresuró con sus hijos a atravesar la calle para evitar a los cuatro extravagantes personajes.

Confundidos, Amy y sus hermanos agacharon la cabeza; no se atrevían a mirarse el uno al otro. Esperaban que nadie importante se acercara y les viera. Había una fuente al centro de la calle. Amy, intentando olvidar que iba caminando al lado de la mendiga, miró la fuente. Estaba construida con bloques de piedra labrada y el agua brotaba de tres caños centrales. Mientras miraba absorta, Amy se detuvo. Alguien le habló. Oyó claramente una voz que le decía: «*Oro, plata, piedras preciosas, madera, heno, hojarasca...el fuego pondrá de manifiesto qué clase de obra hizo cada uno. Si la obra que un hombre puso sobre un fundamento se sostiene, recibirá su recompensa*».

Amy se volvió para ver quién le hablaba. No vio a nadie. Pero la voz que había oído era clara e inequívoca. Confundida, siguió caminando del brazo de la anciana. Pero se sintió muy distinta por dentro. Ya no sentía vergüenza. Es más, levantó la cabeza para que todos la vieran. El trío escoltó a la anciana hasta donde ella quiso, y luego corrió hasta dar alcance a su madre y los niños, justo antes de llegar a casa.

Después del almuerzo Amy se retiró a su habitación. Se arrodilló al lado de la cama. Ella sabía que las palabras que oyera ante la fuente pertenecían al Nuevo Testamento; las localizó en su pequeña Biblia forrada en cuero. Pertenecían a 1 Corintios, capítulo 3, versículos doce al catorce. Amy las volvió a leer. ¿Qué significaban? Ella sabía, desde pequeña, que Dios la amaba; pero empezó a preguntarse cómo el conocimiento de su amor afectaría su conducta diaria. Después de orar y meditar por varias horas Amy supo por fin, lo que aquel versículo significaba para ella. En primer lugar, ya no gastaría tiempo en cosas sin importancia a los ojos de Dios. Quería que todo lo que hiciera en su vida fuera digno cuando Dios lo juzgara. Quería que fuera considerado oro y plata, no heno y hojarasca. En segundo lugar, nunca más se preocuparía por lo que la gente pensara de ella. Si lo que hacía agradaba a Dios, eso le bastaría. Si otras personas, o incluso otros cristianos, no querían acompañar a los mendigos, eso les concernía a ellos, pero Amy lo haría y lo haría con orgullo.

Cuando bajó las escaleras para comer, Amy había adoptado una resolución de corazón, un propósito que le conduciría a cambios poco comunes en su vida. Amy siempre había sido amable. Una vez, cuando era pequeña, visitó la ciudad de Belfast en compañía de su madre. Durante la visita se detuvieron en un salón para tomar una taza de té con pasteles. Mientras estaban sentadas, Amy observó a una niña mugrienta que apretaba su nariz contra el cristal de la ventana. La niña pobre miraba a la niña rica que tenía el plato lleno. La expresión de sus ojos afectó profundamente a Amy. Cuando ésta volvió a Millisle, se sentó al lado del fuego y escribió una promesa a aquella niña:

Cuando yo crezca y tenga dinero
Sé bien lo que he de hacer:
Haré una casa hermosa y grande
Para niñas como tú.

Amy era también amable con los animales. No podía soportar verlos sufrir. Una vez, cuando la familia se iba a reunir para orar, advirtió que un ratón se estaba ahogando en un cubo de agua. Sin pensárlo dos veces, rescató el ratón con una cuchara y lo guardó en el bolsillo de su delantal. Desgraciadamente el ratón lanzó un chillido cuando su padre estaba orando, así que Amy fue castigada por interrumpir la paz. Pero mereció la pena ser castigada por salvar la vida de un ratón. Aunque Amy había sido amable en el pasado, tuvo un cambio de actitud más radical.

No iba a ser sólo amable porque fuera bueno. Lo sería porque Dios le había pedido que lo fuese con aquellos que él amaba. Las dos hermanas de Amy se sorprendieron del gran cambio que había experimentado. Llamaron a su nueva actitud «los entusiasmos de Amy», y, ciertamente, Amy se entusiasmó. Había mucho que hacer, mucha gente a quien Dios quería que amara y les mostrara su amabilidad.

Aunque Amy anhelaba saber más de Dios, también quería ayudar a otros a conocerle. Los domingos por la tarde paseaba por las calles de College Gardens e invitaba a los niños a su casa para reunirse con ellos. Los niños cantaban y aplaudían. Amy les leía historias bíblicas y les hablaba del amor con que Dios les amaba. Mientras Amy estaba ocupada con los niños, la señora Carmichael preparaba bocadillos y limonada fresca para que disfrutaran al término de la reunión.

Algunos niños que asistían los domingos por la tarde querían saber más acerca de Dios, de manera que Amy inauguró el «Club Vigilia Matutina». El club se reunía los sábados por la mañana. A todos los niños que llegaban, Amy les entregaba una tarjeta blanca con bordes dorados. Hacía que los niños escribieran en ella la promesa de dedicar tiempo diario para orar y leer la Biblia. Una vez firmada la promesa, se la entregaban a Amy. Todos los sábados por la mañana comentaban cómo se iban cumpliendo sus promesas. Todos, incluso los dos hermanos menores de Amy, deseaban que llegara el sábado por la mañana. Ella se las arreglaba para que todo fuera muy divertido, mientras charlaban y aprendían unos de otros.

Amy y su amiga Eleanor Montgomery comenzaron a dar clases de lectura y escritura, los lunes por la noche, a los chicos que trabajaban en fábricas. Concluían cada clase con una especie de culto de despedida, en el que Amy leía porciones de la

Biblia y oraba. A veces, el padre de Eleanor, el señor Montgomery, les ayudaba. Él también fue voluntario en la Misión a la Ciudad de Belfast, y pronto se dio cuenta que Amy estaba mucho más interesada en hacer la obra de Dios que en participar en las actividades sociales normales de una joven de dieciocho años.

Finalmente el señor Montgomery invitó a Amy a acompañarle algunos sábados por la noche a visitar los suburbios de Belfast. Amy no podía imaginar nada mejor que hacer. De modo que, todos los sábados por la noche se introducía en un mundo distinto, el mundo de los suburbios de Belfast, en donde conoció cosas que nunca antes había visto. Vio pordioseros en las calles. Incluso ayudó a algunos de ellos, aunque nadie se había molestado en contarle la desesperada situación en que se encontraban o lo que hacían para sobrevivir. Otra cosa que Amy descubrió en los suburbios fue el impacto de los olores más desagradables, como el olor de las verduras podridas que arrojaban a la calle desde los edificios, el olor de los retretes portátiles cerca de las escaleras, y el olor de las humeantes fogatas de hierba que los borrachos encendían en medio de la calle. Amy retrocedió ante lo que olía y veía. Ni siquiera había imaginado que los seres humanos vivieran en esas condiciones.

Un sábado por la noche Amy y el señor Montgomery avanzaron por estos suburbios, distribuyendo pan y folletos con textos evangélicos. Una niña pequeña con ojos azules y vestido andrajoso se les acercó y les pidió comida. Amy la miró, pero una anciana envuelta en un chal se adelantó y recogió a la niña. Cuando esta se volteó con la niña en brazos, Amy dejó escapar un suspiro: el chal se le cayó y Amy vio que la mujer no era anciana en absoluto. Tenía probablemente la misma edad que ella. *¿Qué clase de vida había llevado esa mujer para que su espalda estuviera tan encorvada y su rostro tan estropeado cuando, en realidad, no tenía más de veinte años?* Cuando terminaron de repartir todo el pan y todos los folletos, Amy planteó al señor Montgomery la cuestión en que había meditado.

El señor Montgomery le dijo que a aquellas mujeres se las conocía como «las del chal». Le explicó que —muchas de ellas apenas tenían 10 años— trabajaban doce horas al día en los telares de lino que habían hecho famosa a Belfast. El lino, las camisas y las cuerdas irlandeses eran conocidos por su gran calidad en todo el mundo y, al mismo tiempo por ser baratos. Eran baratos porque las niñas que trabajaban en los telares cobraban muy poco por su trabajo. Muchas ni siquiera ganaban lo suficiente como para comprarse un sombrero, de modo que se cubrían la cabeza con los chales cuando hacía frío, de donde surgió el nombre de «las del chal».

Amy no podía dejar de pensar en las del chal. Había que hacer algo por ellas. Poco a poco fue concibiendo un plan. ¿Por qué no empezar a reunirse con ellas los domingos por la mañana como lo hicieron con los niños del barrio los domingos por la tarde? Se le ocurrió que el salón de la iglesia Presbiteriana de la calle Rosemary Street sería un lugar excelente para celebrar estas reuniones. La iglesia tenía mucho espacio. Amy estaba segura de que a todos los miembros de la iglesia les encantaría que se usaran sus instalaciones para alcanzar a todos los ciudadanos menos afortunados de Belfast.

Amy visitó al reverendo Park, pastor de la iglesia, y le pidió permiso para que las del chal se reunieran los domingos por la mañana para orar y estudiar la Biblia en la iglesia. No se sabe con certeza si el señor Park pensó que era una buena idea o si fue imposible desanimar a Amy, pero el caso es que el pastor le concedió permiso para celebrar aquellas reuniones. A algunos miembros de la congregación no les gustó cuando se enteraron de que la chusma de Belfast estaba usando el salón del templo. Muchos miembros de la iglesia, incluso viejos amigos de los Carmichael, no entendían por qué Amy se asociaba con las del chal, y menos aún por qué las llevaba a la iglesia. Algunos se preguntaban si Amy era consciente de que las del chal olían mal y tenían piojos y pulgas. ¿Qué ocurriría si estos bichos se refugiaban en el mobiliario de la iglesia? Al cabo de poco, el señor Park recibió la visita de algunos miembros que le instaban a cancelar el permiso que había concedido a Amy para usar el salón para este tipo de reuniones. En todas ellas, rehusó hacerlo. Frustrados por su respuesta, algunos miembros de la iglesia acudieron directamente a Amy y le dijeron lo que pensaban acerca de sus reuniones con las del chal. A Amy no le importaba lo que pensaran. Desde el día que oyó la voz en la fuente no se preocupaba de lo que otros pensaran de ella. Lo único que quería hacer era agradar a Dios y compartir su amor con otros.

Todos sus «entusiasmos» y responsabilidades domésticas mantenían a Amy muy ocupada. En septiembre de 1886, su madre llegó al convencimiento de que Amy necesitaba unas vacaciones. Ésta escogió ir a Escocia y quedarse con una antigua amiga del colegio, Sarah McCullen. Mientras estuvo en Escocia, las dos jóvenes viajaron a Glasgow para asistir a una reunión de Keswick. Esta era, en realidad, una localidad inglesa, en donde doce años antes se habían celebrado encuentros multitudinarios de cristianos en tiendas de campaña. Desde aquel entonces se había venido celebrando el mismo tipo de reuniones por todas las islas Británicas, a las cuales nombraron reuniones de Keswick. Amy había oído hablar mucho acerca de las reuniones de Keswick. Cuando se sentó y escuchó al conferenciante, esperaba que algo maravilloso le sucediera. Pero no fue así. El orador dio un mensaje interesante, pero a Amy no le pareció extraordinario lo que él impartió. Sarah, por otra parte, mantenía los ojos abiertos y brillantes, miraba fijamente al predicador y mostraba aceptación a todo lo que él decía. Mientras Sarah estaba totalmente absorta en una reunión, Amy permaneció sentada pensando en cuánto le oprimían los zapatos. El estómago le rugía, por lo que esperaba que el predicador terminara pronto para poder ir a almorzar. Amy había oído tantas historias maravillosas de cómo la gente había experimentado a Dios durante las reuniones de Keswick que se sintió decepcionada. Ignoraba si ella no estaba siendo receptiva o si la gente había exagerado.

Antes de dar con la causa, el predicador terminó su sermón, cerró la Biblia con estrépito y se sentó. El presidente de la reunión se puso en pie y clausuró el servicio con la siguiente oración: «Oh Señor, sabemos que eres capaz de impedir que caigamos...»

Aquellas palabras alcanzaron a Amy como un rayo de luz. Dios era capaz de guardarla para que no cayera. Amy se concentró profundamente en ese pensamiento. Incluso después que el presidente concluyera su oración y todos comenzaran a abandonar el auditorio, ella permaneció absorta, meditando. Por fin, Sarah tiró de ella y, aún así, Amy no quería salir de allí. Por primera vez desde que caminara al lado de aquella anciana y pasaran frente a la fuente, Amy sintió que Dios le había hablado directamente a su corazón. Él la guardaría de caídas no importa dónde fuera, qué hiciera o qué le sucediera. Dios impediría que cayera. Y si Dios impedía que ella cayera, no había nada que no pudiera hacer. Amy sintió fuertes deseos de regresar a Belfast. Tenía planes, grandes planes para el futuro.

Capítulo 4

El tabernáculo

Después de su experiencia en Glasgow, Amy regresó a Irlanda con un pensamiento en mente: Ya no se limitaría a lo que ella creía que podía llevar a cabo, sino que confiaría en Dios y vería lo que él era capaz de hacer a través de su persona.

Se volcó a trabajar con las del chal; al cabo de poco, el grupo que fundara dos años antes había crecido mucho. Todos los domingos por la mañana, cuatrocientas mujeres y niñas abarrotaban el salón de la iglesia Presbiteriana de Rosemary Street. Naturalmente, muchos miembros de la iglesia continuaron quejándose de haber sido invadidos por las del chal. Hablaban de ellas como si fueran ratas.

Como asistían tantas mujeres a las reuniones, Amy estaba convencida de que sería mejor para todos que el grupo dispusiera de un lugar propio de reunión. Así que, mientras sus dos hermanas Ethel y Eva, repasaban revistas femeninas buscando la última moda, y discutían cómo debía ser el marido perfecto, Amy estudiaba revistas que trataban de construcción e ingeniería. A diferencia de sus hermanas, y de la mayoría de mujeres de su tiempo, Amy no estaba interesada en el matrimonio. Tal vez sabía que sólo se podría casar con un hombre que le permitiera hacer lo que Dios le había llamado a hacer en su vida. Por tanto, desterró la idea del matrimonio y se concentró en la obra que hacía en favor de *las del chal*.

Ojeando una revista de construcción se fijó en un anuncio que contenía un dibujo de un gran vestíbulo erigido en hierro. Junto al dibujo aparecía un texto que describía los edificios prefabricados de hierro que se podían levantar por un precio de quinientas libras esterlinas. Amy examinó el dibujo intentando imaginar el aspecto que tendría un edificio de hierro en la vida real. ¿Sería demasiado frío o ruidoso? Todos los edificios de Belfast eran de piedra o ladrillo. ¿Daría resultado un edificio metálico o sólo era un truco? Lo ignoraba; se le había educado en canto y costura, no en arquitectura.

Si su padre hubiera vivido, le habría explicado si el edificio estaba bien diseñado y si resistiría el clima húmedo de Belfast. Además, si su padre viviera y no hubiera perdido su dinero en el negocio de los molinos, bien podría haber financiado el edificio que necesitaba. Él siempre había sido dadivoso para con las actividades cristianas, e incluso construyó un salón en Millisle que hacía las veces de escuela e iglesia. Compró, además, un caballo y un cochecito para el pastor de la iglesia. Pero su padre estaba muerto, y quedaba poco dinero a los Carmichael, quizás lo justo para mantener a la familia a flote si lo sabían administrar.

Amy se preguntaba cómo conseguir el dinero para construir un edificio como aquel de estructura de hierro que viera en la revista de construcción. Por supuesto, podía pedir a otros cristianos; pero una vez —hacía ya mucho tiempo— había pedido dinero a un cristiano y nunca le abandonó el mal sabor de aquella experiencia. Tenía entonces diez años y estaba pasando unos días con su abuela. Su abuela recolectaba dinero para obras de beneficencia y sugirió a Amy que se acercara a la nueva casa de la esquina para preguntar al dueño si estaba dispuesto a contribuir con un donativo. A Amy no le importó hacerlo; veía a aquel hombre en la iglesia todos los domingos. Examinó el aspecto de la casa y llamó a la puerta. La residencia estaba decorada con estatuas en el jardín y con la última moda, una pagoda con rejas de hierro forjado. Amy pensaba que alguien tan rico como aquel hombre podría dedicar mucho dinero a las obras de beneficencia que practicaba su abuela.

Cuando el hombre abrió la puerta, Amy le explicó la razón de su visita. Para sorpresa suya, el hombre le anunció bruscamente que no podía desperdiciar ni un solo penique en la obra de beneficencia de su abuela. Amy se quedó boquiabierta. El hombre era rico; tenía suficiente dinero para construir una casa lujosa. ¿Cómo podía ser que no le sobrara ni un solo penique? Amy reflexionó al volver a casa, hasta que por fin cayó en la cuenta. El hombre debía de tener muchos peniques; sólo que no quería deshacerse de ninguno.

Una nueva idea echó raíz aquel día en la mente de Amy. Los cristianos genuinos dan con alegría para ayudar a otros. Así pues, ¿por qué pedir a gente que no quiere ayudar?

El incidente había sucedido hacía diez años, aunque Amy recordaba vivamente aquella experiencia. Ella seguía creyendo que los cristianos debían dar con alegría y también que era mejor pedir a Dios que moviera a ciertas personas a dar dinero que pedírselo directamente. En la reunión de las del chal, el siguiente domingo por la mañana, Amy compartió con las mujeres la idea de tener su propio edificio, y todas estuvieron de acuerdo en orar y pedir a Dios que supliera la enorme cantidad de quinientas libras esterlinas, asi como de un terreno donde construirlo.

Por ser la hermana mayor, Amy no siempre podía escapar a las obligaciones propias de una sociedad *victoriana*. Una cosa que Amy no podía evitar eran las visitas en compañia de su madre. Las «visitas» consistían en un elaborado protocolo social, en el que las señoras de clase alta concertaban citas para visitarse unas a otras en sus casas. No existía tal cosa como presentarse sin previo aviso para visitar a alguien. Había que dejar tarjetas de visita y concertar horas específicas. Amy aborrecía estas visitas. Siempre eran monótonas. La mujeres mayores siempre le preguntaban acerca de algún joven que pudiera hallar interesante, o cuál de sus hermanas estaba aprendiendo alguna nueva pieza de piano. Luego, la anfitriona refería a Amy la última lectura de poemas a la que había asistido, o le informaba qué joven varón había pretendido a cuál jovencita. La conversación era muy tediosa; además debía permanecer sentada en una incómoda silla, sosteniendo una taza de té en su regazo durante una hora o más. A Amy le parecían sumamente aburridas estas visitas y significaban una pérdida de tiempo. No obstante, era su deber acompañar a su madre, por lo que, a pesar de lo que le cansaban, no se quejaba.

Sin embargo, de vez en cuando alguna anfitriona preguntaba a Amy —por sorpresa— qué otras cosas estaba haciendo. Esa era la oportunidad que Amy esperaba. Respondía inmediatamente y comenzaba a relatar lo que hacía *con* las del chal, la Misión a la ciudad de Belfast y la Asociación juvenil de mujeres cristianas, en donde también era voluntaria y colaboraba con gran entusiasmo. A Amy no le gustaba hablar de sí misma pero le encantaba comentar lo que Dios estaba haciendo en la vida de otras personas. Algunas veces la anfitriona daba un giro a la conversación y tocaba tópicos menos respetables, pero hubo ocasiones en que Amy encontró a alguien que si se interesara por lo que ella hacía.

Kate Mitchell fue una mujer genuinamente interesada en la obra que Amy realizaba. Era hija de un empresario acaudalado. Kate escuchaba atentamente a Amy y le hacía preguntas inteligentes. Amy contaba de buena gana a Kate todo acerca de la obra en que estaba comprometida. Cuando Amy salió de la casa de los Mitchell tenía la sensación de haber hecho una verdadera amiga. Y así fue. Varios días después recibió una carta de Kate con noticias asombrosas. Kate Mitchell deseaba sufragar el costo total de un salón para las chicas del chal. Amy apenas podía creerlo. Se alegró muchísimo. Ella no había pedido a Kate el dinero, por lo cual sabía que era Dios quien había movido a Kate a ofrecerlo. Amy estaba ansiosa de que llegara el domingo por la mañana para dar la buena noticia a las del chal.

Entonces surgió la cuestión de la ubicación del salón. Un edificio tan grande no se podía levantar en cualquier sitio. Como la obra de beneficencia le había permitido conocer toda la ciudad, Amy conocía Belfast mejor que muchas personas. Pensó en dónde podría edificarse el salón y le vino a la mente un lote que había visto al pasar por Cambria Street. La propiedad era parte de una gran parcela que pertenecía a uno de los molineros más ricos de Belfast. Amy fue a visitarlo y le habló acerca del salón y de la necesidad de un terreno para edificar. Luego le preguntó el precio por el que aceptaría vender el terreno de Cambria Street.

Ella casi se echó a reír en voz alta cuando lo oyó. ¿Había oído bien? La cantidad que quería el molinero era unas diez veces inferior al valor real del terreno. Es más, el precio era tan bajo que el dinero que Kate Mitchell estaba dispuesta a pagar por el edificio también cubriría el valor del solar. Una vez más Dios le había provisto todo, y Amy deseó que llegara el domingo para comunicárselo a las del chal.

Al cabo de poco tiempo, un edificio de hierro que alojaría a quinientas personas fue cobrando forma en el solar de Cambria Street. Fue terminado por la época de Navidad. El día 2 de enero de 1889 fue oficialmente inaugurado por el reverendo Park. Amy no se sentó en la plataforma durante la ceremonia, ya que prefería estar sentada entre las del chal. Como de costumbre, no quiso que toda la atención se centrara sobre ella sino en lo que Dios había hecho.

Muchas personas acudieron a la inauguración sólo para ver el aspecto que ofrecía un edificio de hierro. El edificio fue bautizado con el nombre de *La Bienvenida*, pero muchos visitantes comenzaron a llamarlo el *Tabernáculo de hojalata*. A Amy no le preocupaba cómo lo llamaba la gente. Lo que realmente importaba era que las del chal tuvieran un edificio que pudieran considerar como suyo propio. La Bienvenida pasó a ser un lugar en donde las del chal podían escuchar el mensaje del evangelio, reunirse con otras mujeres cristianas, animarse unas a otras y aprender nuevas cosas.

¡Y vaya si se reunieron! El siguiente programa semanal fue clavado a la puerta de *La Bienvenida*:

Domingo   16:30   *Enseñanza bíblica*
Domingo   17:30   *Reunión de la banda Rayo de Sol*
Lunes   1:20   *Reunión hora del almuerzo*
Lunes   19:30   *Ensayo de canto*
Martes   19:30   *Clase nocturnas*

Miércoles 1:20   Almuerzo de oración
Miércoles 19:30 Reunión de chicas
Jueves   16:00 Reunión de madres
Jueves   19:30 Club de costura
Viernes   1:20   Hora del almuerzo
Primer viernes de mes:
　　　　　Reunión de evangelización.
　　　　　Todos bienvenidos.

Si hallar el dinero para la construcción del *Tabernáculo de hojalata* había sido un reto para Amy, más aún lo fue encontrar el personal adecuado para dirigirlo. Amy no era una persona que creyera que *«cualquier ayuda fuese mejor que ninguna ayuda»*. Algunas personas se ofrecieron a ayudarla porque sentían lástima de las del chal. Estas personas no servían a Amy. Otros ofrecieron ayuda porque sentían la necesidad de hacer «obras de beneficencia». Tampoco servían. Amy descartó más ayuda de la que aceptó. Sólo permitió que le ayudaran aquellas personas que sirvieran a las del chal por causa de una plena dedicación a Dios. Ninguna otra cosa era suficiente para Amy, sabedora de que cuando hubiera que tomar decisiones difíciles, necesitaría personas piadosas alrededor de ella, y no tan sólo quienes hicieran buenas obras.

Aunque la obra de *La Bienvenida* comenzó a prosperar, las cosas en el hogar de los Carmichael no iban bien económicamente. Antes de morir, el señor Carmichael había invertido la mayor parte del dinero que le quedaba, para que la familia pudiera vivir de los intereses. Pero la inversión resultó mal y el dinero se perdió. Los Carmichael ya no tenían dinero para sobrevivir; todo se había gastado. En vez de sentir lástima de sí misma, la señora Carmichael confió en que Dios les ayudaría, no importaba lo difíciles que fueran las circunstancias que atravesaran. Reunió a sus siete hijos y les contó la mala noticia. Luego todos se arrodillaron y oraron acerca de la situación y pidieron la guía de Dios.

Unos días más tarde, Jacob McGill, un viejo amigo de los Carmichael, ofreció a la señora Carmichael un empleo como supervisora de un hogar de rescate de mujeres en la ciudad industrial de Ancoats, en los suburbios de Manchester, Inglaterra.

También ofreció a Amy apoyo para comenzar un ministerio en aquella ciudad a favor de los trabajadores de los molinos. Después de considerar por mucho tiempo el asunto en oración, Amy sintió que debía ir con su madre a Inglaterra, al igual que su hermana Ethel. Norman y Ernest decidieron emigrar a América del Norte, mientras que Eva, Walter y Alfred se quedaron en Irlanda con unos familiares. Más adelante, Walter y Alfred emigraron, uno a América del Sur y otro a Canadá.

Con el traslado a Inglaterra, Amy tuvo que dejar a las del chal y *La Bienvenida*, en donde había derramado mucho trabajo y energía. Afortunadamente la dedicación de Amy inspiró tanto a Kate Mitchell, que decidió asumir el puesto de directora del programa. Con todo, le resultó muy difícil a Amy decir adiós. En lo profundo de su corazón sabía que nunca, realmente, había sido ese su trabajo;

siempre le había pertenecido a Dios y siempre le pertenecería.

Amy permaneció de pie en la popa del vapor que transportaba a su madre, a su hermana y a ella a Inglaterra. Lo asumió todo a medida que las verdes colinas de Irlanda fueron desvaneciéndose de su vista. Ella ignoraba en aquel momento que esa sería la última vez que divisaba su tierra natal. El barco cruzó el *Strangford Lough* y enfiló, a través del mar de Irlanda, hacia Liverpool. En tanto la espuma del mar le salpicaba el rostro, Amy, aún de pie sobre la popa del buque, pidió a Dios que le abriera nuevas oportunidades para trabajar a favor de los molineros de Ancoats.

Capítulo 5

Caído del cielo

Una joven menuda se apretó el chal sobre los hombros y se resguardó del frío viento. Caminó hacia el norte, hacia las fábricas que arrojaban humo. Evitó ágilmente los grandes charcos que inundaban la calle. Unos carros arrastrados por caballos traqueteaban al pasar, salpicando de barro su falda. Un balde de agua vertido desde un cuarto piso estuvo a punto de alcanzarla cuando fue vertido sobre la calle adoquinada. La mujer menuda era Amy Carmichael, que acababa de salir de su nuevo hogar. Para cualquier caminante, Amy ofrecía el aspecto de cualquier otra mujer del chal, una de las miles de mujeres irlandesas que llegaba a Inglaterra huyendo de la pobreza para caer aún más en ella. Amy podría haber vivido con su madre y su hermana en la pequeña casita que alquilaron en las

afueras de la localidad, pero prefirió vivir en un barrio pobre. Vivir junto a la gente a quienes quería
ayudar tenía mucho sentido para ella. En los tres
meses que pasó allí, después de llegar de Belfast,
aprendió muchas cosas. Por ejemplo, descubrió lo
difícil que era vivir sin dormir lo suficiente. Las paredes de su habitación eran como de papel; se oía
a los niños llorar, a las parejas discutir, a los borrachos golpear a sus mujeres, en cada cuarto de
aquella planta. Pero todo eso no era nada compa-
rado con las ratas y chinches que infestaban aquel
edificio.

No servía de nada intentar echarlos fuera. Por
cada chinche y cada rata que Amy echaba, otros
volvían a ver qué estaba ocurriendo allí. Los insectos hurgaban en su ropa por la noche y correstea-
ban ligeramente sobre las mantas. Amy dormía
con la sábana firmemente sujeta alrededor del cuello pues no quería despertarse con una rata o una
cucaracha arrastrándose entre la ropa de cama.
Aunque podía impedir que los bichos se introduje-
ran debajo de las mantas, no podía impedir que se
movieran libremente por donde les parecía. Les oía
correr encima de la mesa, por la noche y por la mañana. Siempre dejaba caer un zapato en el suelo
antes de encender la lámpara. El ruido asustaba a
los bichos y a las ratas, y hacía que se refugiaran
en los rincones y hendiduras del cuarto. El exterior
del fangoso edificio, cubierto de musgo, no era mucho mejor que su interior. Los desempleados mero-
deaban cerca de la puerta. En ocasiones, cuando
estaban borrachos, gritaban palabrotas a Amy o

intentaban agarrarla. Una vez una turba de hombres la persiguió. La situación se estaba poniendo delicada cuando una mujer amable, que vio lo que estaba sucediendo, agarró a Amy y la arrastró hacia adentro y cerró la puerta rápidamente para que no la molestaran.

A pesar de las cucarachas, las ratas y los hombres violentos, Amy deseaba quedarse a vivir para trabajar allí. Ella decía constantemente a las del chal, que en verdad podían encontrar paz y gozo en su vida. Necesitaba saber por sí misma que sí era posible vivir una vida cristiana feliz en medio de tantas dificultades y de tanta suciedad. A pesar de las duras condiciones de vida, las cosas resultaron bien para Amy. Después dc haber vivido y trabajado durante un año en un suburbio, llegó a ser un personaje conocido en las fábricas y los molinos de Ancoats. Muchas mujeres de chal y trabajadoras de esas fábricas asistían a sus estudios bíblicos y a las reuniones de oración.

Las reuniones en que participaba Amy la mantenían muy ocupada, motivo por el cual no podía prepararse buenas comidas. Quizá la mala alimentación fuera una de las causas por las que cayó muy enferma. Nadie sabía el nombre exacto de su enfermedad. En 1890, los médicos no disponían de medios científicos suficientes para diagnosticar muchas de las enfermedades que hoy conocemos por sus nombres. A veces se decía que la gente padecía una «debilidad interna» o «neuralgia aguda», lo cual no tenía ningún significado preciso, desde cáncer de estómago a ataques de migraña.

Para muchas enfermedades no se disponía de remedio, aparte de cambio de clima, buena comida y descanso. El médico le recetó los tres.

La cuestión que se le planteaba a Amy era dónde ir a descansar, y al mismo tiempo pudiera comer bien y cambiar de clima. La respuesta le llegó a través de un amigo de la familia, Robert Wilson, quien era un rico propietario de algunas minas. Había conocido a la familia Carmichael tres años atrás, cuando visitó Belfast con Hudson Taylor, para dirigir una reunión de Keswick. De hecho, Robert Wilson y Canon Hartford-Battersby, vicario de San Juan Keswick, fundaron las reuniones conocidas con el mismo nombre. Mientras Robert Wilson visitaba Belfast, la tía de Amy lo invitó a la casa de los Carmichael. En su visita se interesó mucho por lo que hacía cada miembro de la familia. En especial por el trabajo que desarrollaba Amy con las del chal; y cada vez que regresaba a Belfast, uno de sus asuntos prioritarios era visitar a los Carmichael. Toda la familia Carmichael aguardaba con gran ilusión su visita. Después de algunas visitas, les dio por llamarle «el A.H.V.», lo cual significaba el Apreciable Hombre Viejo.

Robert Wilson vivía en una gran mansión llamada Broughton Grange, situada en el Distrito de los Lagos, al noroeste de Inglaterra. Cuando se enteró de que Amy estaba enferma la invitó a quedarse en Broughton Grange (el Grange, como muchos lo llamaban). En el Grange, el cocinero de Robert Wilson le prepararía unas sopas deliciosas y la empleada doméstica cuidaría de su salud. Todo esto, y el aire

puro del campo, era exactamente lo que ella necesitaba después de respirar la contaminación de la
ciudad. Esta era una solución perfecta, salvo que
Amy anhelaba estar con el nuevo grupo de las del
chal. Pero eso no era posible de momento, ya que a
duras penas se podía levantar de la cama, y comía
cada vez menos. De modo que terminó aceptando
el amable ofrecimiento de Robert Wilson y se fue al
Grange.

¡Qué gran contraste con la vida en el Grange! El
fuego chisporroteaba todos los días en la chimenea
de su dormitorio cuando se despertaba. Se desayu-
naba con espesa y esponjosa mantequilla batida y
daba largos paseos por el campo, entre rebaños de
ovejas, o recogía huevos de pato de las orillas del
estanque. Todas las noches el edredón de plumas
estaba tendido sobre su cama. Al cabo de muy poco tiempo el color rosado volvió a aparecer en las
mejillas de Amy.

Naturalmente, como Amy era quien era, tan pronto como se sintió un poco mejor empezó a buscar algunas cosas qué hacer. Y encontró muchas. Robert
Wilson necesitaba mucha ayuda para poder organizarse en su trabajo. Como presidente de la Convención de Keswick, tenía muchas responsabilidades
sobre sus hombros. Debía programar las reuniones
de Keswick para todas las islas Británicas. También tenía muchas cartas que escribir. Amy se hizo
cargo de buena parte de su correspondencia. También, Robert Wilson tenía que recibir a menudo gente importante. Amy hacía muy buen trabajo como
anfitriona. Le gustaba especialmente recibir la visita

de Hudson Taylor o George Mueller. Estos hombres
tenían historias sorprendentes que contar acerca de
cómo Dios cambiaba la vida de las personas. Y, por
supuesto, adonde quiera que iba Amy encontraba
niños. Broughton Grange no fue una excepción. Al
cabo de pocas semanas hubo un grupo de chicas de
la aldea de Broughton que acudían al Grange para
realizar un estudio bíblico los sábados por la tarde.
Impartía el estudio en la biblioteca, y cuando acababa, las chicas tomaban leche y pan de jengibre
en la terraza de césped. Luego se esparcían por el
jardín, saltaban y retozaban a medida que lo explo-
raban. Importunaban a los gatitos, admiraban a los
pavos reales, correteaban con los perros y se subían
a los caballitos ponis.

El ver que las chicas disfrutaban en el jardín, la
hacía sumamente feliz; pero no a los dos hijos de
Robert Wilson, George y William, quienes también
vivían en el Grange. La madre de ellos había muerto el mismo año que el padre de Amy, y su única
hermana, Rachel, había fallecido antes que la madre. Ambos jóvenes tenían una edad mediana y
ninguno de los dos se había casado. Y así disfrutaban la vida.

Consideraban que el Grange era un lugar para
hombres, donde se cazaba, se pescaba y se discutía
de política. Hasta la llegada de Amy fue un lugar
tranquilo y serio; pero después, a ambos hermanos
les disgustaba verlo atestado de *féminas* Decían
que aquello era una «invasión», y no tenían intención de permitir que Amy se sintiera cómoda en el
Grange. A pesar de todos sus esfuerzos por hacer

que Amy no se sintiera bien recibida, su padre llegó a confiar cada vez más en ella. Aun más, comenzó a tratar a Amy como si esta fuera su propia hija. Pasaba muchas horas con ella comentando cuestiones relacionadas con el cristianismo y animándola en su dedicación a Dios.

Un día, después que Amy había permanecido en el Grange por unos tres meses, Robert Wilson le pidió que se quedara con ellos cuando estuviera completamente restablecida, y continuara siendo el ama de su casa y de su ministerio. Al principio Amy se resistió a la idea. Su corazón estaba en los suburbios, con las del chal; pero después oró acerca del asunto y una extraña paz le sobrevino. Ella sabía, por alguna razón que no podía entender, que la voluntad de Dios era que continuara en Broughton Grange.

Amy se mantuvo muy ocupada en el Grange. Los dos hijos de Robert Wilson la invitaron respetuosamente a acompañarles a un estudio bíblico de *la Unión de las Escrituras*, al que asistían todos los martes por la noche en el pueblo. Amy causó tal impacto en el grupo que le pidieron que se encargara de dirigir las reuniones y de compartir el mensaje del evangelio con todos los que estaban dispuestos a oírlo. Empezó a escribir y consiguió que su primer cuento se publicara. El cuento *La tenaz Sally*, trataba de cómo Dios había cambiado la vida de una de las del chal en Belfast. Amy también ayudaba a Robert Wilson a organizar las reuniones de Keswick, las cuales debían celebrarse en las islas Británicas. Además de todo eso, visitaba con regularidad a su madre en la misión de rescate y la ayudaba.

Un año pleno y feliz transcurrió veloz para Amy. Hasta que un día, como caído del cielo, le vino a la memoria —de una manera extraña— algo que había oído años atrás. Hudson Taylor, de la Misión al Interior de la China, había dictado una charla en la primera reunión de Keswick a la que asistió Amy. Durante esa reunión Taylor habló a la audiencia acerca de los cuatro mil chinos que morían cada hora sin haber nunca escuchado el mensaje del evangelio. Amy lo recibió, pero quedó almacenado en su mente hasta que un día, cinco años más tarde, en el Grange, se sorprendió a sí misma pensando en el mensaje de Hudson Taylor. No podía apartar aquel pensamiento de la cabeza y no sabía qué hacer al respecto. A principios de enero de 1892, decidió dedicar algún tiempo a orar por este asunto. Después de haber orado tan sólo unos minutos, el pelo del cuello se le erizó. Abrió los ojos y miró en derredor. Lo mismo que cuando estuvo ante la fuente en Belfast, oyó una voz que le decía: «Vaya». Amy sabía que estas palabras daban inicio a un versículo bíblico. Se lo sabía de memoria: *«Id por todo el mundo y predicad el evangelio»*.

Amy pasó una noche intranquila pensando en lo que aquel versículo podía significar para ella. Tenía planes para seguir ayudando a Robert Wilson hasta cuando él muriera, en el tiempo en que eso aconteciese. ¿Quería Dios que abandonara a Robert Wilson después que éste había llegado a depender tanto de ella? ¿Qué decir de todo el trabajo

que había venido haciendo para las reuniones de
Keswick? ¿Debía dejar todo eso también? Y además, tenía viva a su madre, que dependía de ella
para tomar decisiones familiares. ¿Qué le sucede-
ría a su señora madre si ella se marchaba? Amy le
dio muchas vueltas al asunto, pero al llegar la mañana ya había tomado una decisión. Dios le había
dicho que fuera, y no importaba lo que costara: eso
sería lo que haría.

Aquella mañana Amy se sentó ante su mesa de
trabajo, contempló la pintoresca campiña inglesa y
se puso a escribir una carta a su madre. Pero no
pudo concluirla de inmediato. Era demasiado dolo-
roso imaginar a su madre leyendo esta carta, por
lo cual la apartó de sí. Al día siguiente la reanudó
y sufrió hasta terminarla. La echó angustiada al
correo.

Luego dirigió su atención a la manera como
debía comunicar su decisión a Robert Wilson.

Amy tembló al contarle su nuevo rumbo. Robert
Wilson había sido como un padre para ella, por lo
que resultaba duro pensar que podía decepcionarle.
Pero aunque le entristeció perderla, él comprendió
su determinación de obedecer a Dios. Sorprendentemente sus dos hijos no se mostraron tan com-
prensivos con Amy. Aunque no lo admitieran, se
habían acostumbrado a tener a Amy en la casa.
Ella había dado vida al hogar de los Wilson con su
música y sus risas, y eso les agradaba. También
les gustaba el torrente de visitantes no convencio-
nales que Amy llevaba al Grange. No podían creer
que Amy hubiera decidido marcharse. No sólo ellos

estaban en contra de que Amy se marchara, sino también los directivos de la convención de Keswick. Las cosas habían rodado perfectamente en el Grange con la presencia de Amy, por lo que se preguntaban cómo se las arreglaría Robert Wilson sin ella.

Todo esto daba vueltas en la cabeza de Amy. Se admiraba de que no fuera mas fácil seguir a Dios, y de que otros cristianos tuvieran tantas dificultades en entender por qué ella se quería marchar. Pero el que otros cristianos no le comprendieran no iba a detenerla. Dios le había dicho que fuera, pero, ¿a dónde? Transcurrieron algunos meses hasta que pudo dar respuesta a esa pregunta. Seguiría a Hudson Taylor a China.

En los primeros días de agosto de 1892, Robert Wilson y Amy partieron para Londres, en donde ésta iba a presentar una solicitud para incorporarse a la Misión al Interior de la China. Era un mero formalismo. Hudson Taylor conocía a Amy bastante bien y sabía que supondría un importante refuerzo para cualquier misión. Amy se entrevistó con la señorita Soltau, encargada de seleccionar a las aspirantes que solicitaban incorporarse a la Misión. La señorita Soltau entregó a Amy unos formularios para llenar. En la parte superior del primero había un espacio para escribir el nombre. «Será mejor que escribas Amy Wilson Carmichael para que todos sepan que has sido para mí como una verdadera hija» —le aconsejó el señor Wilson. Amy escribió el nombre que acababa de escuchar y a partir de ese momento así se llamó.

Amy causó una impresión muy positiva en la señorita Soltau y fue aceptada como misionera. La señorita Soltau le mostró la ciudad de Londres y la equipó para su viaje a China. Ella tenía, obviamente, experiencia, y sabía en qué almacenes comprar y cuántas cosas cabían en un baúl de hojalata. Amy estuvo pronto equipada y lista para partir.

La candidata se alojó en la casa de la Organización Misionera en Londres, en tanto aguardaba la llegada de varias mujeres para viajar en grupo a China. Mientras permaneció allí comenzó a aprender algo del idioma chino. Ella no podía haber estado mejor preparada para su viaje. Y la Misión al Interior de la China lista para enviarla o así lo pareció. Tan sólo existía el escollo de su historial médico. Amy parecía fuerte y sana a primera vista, pero la enfermedad que contrajo en los suburbios de Ancoats le dejó un cuerpo debilitado. Al médico que le hizo un reconocimiento físico antes de su partida no le gustó lo que vio. En su opinión, no había manera de que Amy pudiera resistir las enfermedades a que estaría expuesta en la China. Cualquiera de las enfermedades que florecen en el trópico, tal como la fiebre, el dengue, la tifoidea y la malaria, podían acabar con su vida. El médico no permitiría que Amy saliera de misionera a la China y su palabra era definitiva.

Aturdida, Amy alquiló un cochecito para regresar con su baúl a Broughton Grange. No sabía qué otra cosa podía hacer. Por supuesto, Robert Wilson se alegró mucho de su regreso. Amy encajaba en la vida cotidiana del Grange, pero en su corazón se sentía intranquila. ¿Qué había fallado? ¿Por qué había sentido que Dios la había llamado a China y pasado por la angustia de despedirse de su madre y de Robert Wilson sólo para ser descartada por un médico? Ella no lo comprendía. Pero, por otro lado, no estaba dispuesta a rendirse. De una cosa estaba segura al contemplar el baúl de hojalata apartado en el rincón de su cuarto: Dios le había dicho que fuera y ella iría a algún lugar y pronto.

Capítulo 6

Riendo en la lluvia

Cuatro meses después de su regreso al Grange, Amy sintió un «llamado», como ella diría, para ir al Japón. Pero, ¿qué iba a hacer allí? No conocía a una sola persona en Japón ni a nadie relacionado con la obra misionera en aquel país. Robert Wilson, por supuesto, conocía algunos misioneros esparcidos por todo el mundo. Cuando Amy le dijo que sentía un llamado por Japón, le vino inmediatamente a la cabeza el nombre de Barclay Buxton. Este era un misionero enviado por la Sociedad Misionera de la Iglesia, brazo misionero de la Iglesia de Inglaterra. Dirigía un grupo denominado la Banda de Evangelización Japonesa. El grupo estaba compuesto por misioneros de distintas denominaciones. Robert Wilson sabía que ellos recibirían de buen agrado a una joven misionera irlandesa presbiteriana.

Después de haber sido rechazada por la Misión al Interior de la China y de su regreso a Broughton Grange, Robert Wilson pensó que Amy se quedaría a vivir siempre allí. Fue muy bueno haberla tenido de nuevo, pero una vez más decidió marcharse. La carta a Barclay Buxton en la que se le preguntaba si había sitio para Amy en su grupo no fue fácil de escribir para Robert Wilson. Él también se preocupaba por la salud de Amy. Si ella no gozaba de buena salud como para viajar a China, ¿cómo iba a tener fuerzas suficientes para ir al Japón? No tenía sentido. Con todo, él sabía que Dios le había dicho a Amy que fuera a Japón, y ella era una persona de gran determinación. Así pues, aunque no quería volver a perderla, Robert hizo todo lo que pudo por ayudarla a cumplir sus planes.

Como estaba segura de que Dios la había llamado a Japón, Amy no se preocupó por esperar una respuesta de Barclay Buxton. Tres mujeres de la Misión al Interior de la China partían a primeros de marzo rumbo a Shanghai y Amy se propuso navegar con ellas. En Shanghai, haría trasbordo hasta Japón. Consiguió que Robert Wilson pidiera a Barclay Buxton que enviara su respuesta a Shanghai para que la esperara a su llegada.

El tres de marzo de 1892, con su baúl de hojalata, Amy subió a bordo del vapor *Valetta*, en Tilbury, muelle sobre el río Támesis, cercano a la ciudad de Londres. Amy hubiera preferido subir a la cubierta, agitar las manos para despedirse y zarpar, pero no fue tan fácil. Las despedidas para un largo viaje ultramarino eran lentas y dilatadas. Muchas personas que partían en tales viajes nunca regresaban. Se producían naufragios, enfermedades y desastres en el Lejano Oriente, y los que se quedaban en casa a menudo actuaban como si se tratara de un funeral. Amy se había despedido en Manchester de su madre con lágrimas en las mejillas, pero Robert Wilson insistió en escoltarla todo el trayecto hasta el muelle. Amy permaneció en la cubierta del *Valetta* y agitó la mano para despedirse. Las lágrimas le corrieron por las mejillas cuando las personas en el muelle cantaron himnos de Keswick para ella y las otras tres misioneras a bordo. El barco comenzó a alejarse del muelle, y Amy se sintió triste y aliviada cuando Robert Wilson se fue difuminando ante sus ojos. Era muy difícil tener que dejarle, sin saber si le volvería a ver.

Cuando el *Valetta* rodeó el extremo del malecón y empczó a seguir la corriente del río Támesis, reapareció Robert Wilson. Se dio prisa en recorrer el desembarcadero para ver por última vez a su querida Amy. El *Valetta* pasó tan cerca de donde él estaba que ambos pudieron intercambiar saludos. Se animaron mutuamente con versículos bíblicos, y, un poco después, cuando Amy creyó que ya no podía soportarlo más, el barco desembocó en el cauce principal y, por última vez, Robert Wilson se convirtió en una diminuta partícula que saludaba desde el malecón. Amy lo había hecho. Había dejado atrás a su madre y a su padre adoptivo para seguir la dirección de Dios. Más adelante ella relataría que esa fue la decisión más difícil que tuvo que adoptar en su vida.

La vida a bordo del vapor *Valetta* se hizo rutinaria. Amy se mareaba, pero no tanto como la mayoría de los pasajeros. Como de costumbre, pronto se lanzó a organizar actividades de grupo en el barco. Al cabo de una semana se iniciaron lecturas bíblicas matutinas en la popa y servicios religiosos dominicales en el salón general. Amy y otra de las mujeres de la Misión al Interior de a la China comenzaron un estudio bíblico que atrajo a un amplio abanico de pasajeros y de la tripulación: un hindú de clase alta que buscaba la «verdad», una mujer de origen chino de Sowtow, un pobre hombre hindú el cual se había vendido como esclavo para trabajar en las plantaciones de azúcar en las Indias Occidentales y una niñera china.

Cuando el *Valetta* se adentró en el mar Mediterráneo y avanzó a lo largo de la costa norteafricana, Amy encontró buenas oportunidades para hablar a los pasajeros y miembros de la tripulación acerca del mensaje del Evangelio. En Port Said, el barco enfiló hacia el Sur a lo largo de los ciento sesenta y dos kilómetros que tiene el canal de Suez. Después navegó por el mar Rojo y alcanzó el océano Índico. Todos se alegraron cuando el *Valetta* alcanzó por fin el puerto de Colombo, Ceilán. Amy y las otras tres mujeres que iban a Shanghai tuvieron que pasar varios días en Colombo, hasta subir a bordo de otro barco para cubrir la segunda etapa de su viaje. Amy pasó el tiempo visitando algunos misioneros de quienes había tenido noticia en sus contactos con los de Keswick. Por fin se embarcaron en el vapor *Sutlej* y partieron rumbo a Shanghai. A diferencia del *Valetta*, el viaje en el *Sutlej* fue una pesadilla, pues estaba infestado de ratas y cucarachas. Amy recordó los días que vivió en los suburbios de Ancoats. Pero en vez de quejarse del estado del barco, encontró un trozo de cartón donde escribió: «Da gracias por todo». Colocó el cartón al lado de su litera para recordarlo antes de acostarse todas las noches.

Amy debió vivir lo que había escrito, porque su actitud causó un gran impacto en el capitán durante todo el viaje. Él le dijo que nunca había visto un pasajero con una actitud tan positiva en medio de las condiciones tan precarias del barco. Durante la travesía, él capitán preguntó a Amy una y otra vez acerca de su fe, hasta que por fin anunció que quería hacerse cristiano y ser como ella. Naturalmente, Amy se puso muy contenta, y más aún cuando él le pidió que escribiera algunos versículos bíblicos en cartones, para clavarlos en la pared de su camarote. Esta era su forma de anunciar a la tripulación que ahora era cristiano.

La conversión del capitán al cristianismo fue lo único digno de mención de aquel viaje. Amy se sintió agradecida cuando, por fin, el barco navegó por el río Yangtsé, y después por el Huangpu, y atracó en Shanghai, en donde se alojó en la casa de unos misioneros de la Misión al Interior de la China. En Shanghai le esperaba una carta de Barclay Buxton. La carta le informaba que la Banda de Evangelización Japonesa tenía un lugar para ella, y que uno de sus misioneros iría a recibirla a su llegada al puerto de Shimonoseki, al sur de Japón.

Después de una corta estancia en Shanghai, Amy se embarcó en el vapor *Yokohama Maru* para cubrir el último tramo de su viaje a Japón. Durante el viaje, el barco se vio sorprendido por un terrible tifón. Como no podía atracar en el puerto de Shimonoseki, por causa de la tormenta, los pasajeros tuvieron que ser recogidos por un remolcador que los llevó con muchas dificultades hasta el muelle.

Por fin, cuando cedió el tifón, Amy piso suelo japonés. Había recorrido medio mundo a salvo. Como se sintió débil después de los cinco días de marejada, se dejó caer sobre el baúl de hojalata y echó un vistazo alrededor para ver si aparecía por allí el misionero que debía acudir a recogerla.

En medio de un fuerte aguacero, Amy notó unos rostros ligeramente marrones que la miraban. No culpó a la gente por observarla. Se dio cuenta de que posiblemente ofrecía un aspecto muy extraño. Su sombrero de fieltro estaba completamente empapado y el agua le caía sobre las orejas. La lluvia chorreaba por su sombrero y le corría vestido abajo. Cada centímetro de vestido, hasta su enagua de almidón, estaba mojado.

El misionero que debía haber acudido a recibirla no estaba allí. Amy sintió un poco de miedo y escrudriñó entre la gente por si veía una cara blanca en derredor. No había ninguna. Gritó contra el viento huracanado: «¿Habla alguien inglés?». Se oyeron algunas risitas, pero nadie respondió —al menos una respuesta que ella pudiera entender. Entonces lo intentó de nuevo. «Me llamo Amy Carmichael, ¿puede alguien ayudarme?». No hubo respuesta. De repente Amy cayó en la cuenta de lo ridículo de esta situación. Había recorrido medio mundo y se hallaba aislada en un muelle, en Japón, en medio de un tifón, sin tener la más mínima idea de lo que iba a suceder a continuación. Se echó a reír. Cuanto más pensaba en ello, más se reía, hasta que lágrimas de risa se añadieron a la lluvia que le descendía por las mejillas.

Cuando dejó de reír, dos varones japoneses salieron a ayudarla y le indicaron que se levantara. Ataron cuerdas a las manillas del baúl y lo colgaron de un palo de bambú. Le indicaron que les siguiera. Amy les siguió. Los dos hombres hablaban entre sí con frases cortas y rápidas. Atravesaron el muelle, doblaron una esquina y desembocaron en una callejuela. Amy no acertó a divisar el final de la calle; la lluvia aún caía con fuerza. Además, tenía que concentrarse para evitar los grandes charcos y surcos que había en la calle. El trío avanzó penosamente a lo largo de varios cientos de metros hasta que los hombres entraron en un edificio. Amy les siguió. Finalmente el hombre más bajo hizo una señal, invitando a Amy a sentarse sobre una alfombrilla de hierba, en una sala del edificio. Ella aceptó y los dos hombres se inclinaron y salieron de la habitación. Amy se quedó sola, sentada con las piernas cruzadas. No era una posición muy cómoda, pero al menos estaba a resguardo de la lluvia. Miró en torno suyo. Las paredes estaban hechas de láminas de papel fino y no había mueble alguno a la vista. Vio que la ropa mojada estaba formando un charco sobre la alfombrilla. Confió en que no resultara difícil secarla.

Estuvo sentada una media hora, hasta cuando uno de los hombres volvió a reaparecer y le hizo señal de seguirle. El hombre guió a Amy hasta un cochecito oriental, o *kuruma,* como se llama en Japón. Ella había visto los carritos de dos ruedas, arrastrados por un «conductor», en Shanghai, pero no tenía idea de lo incómodo que resultaba viajar sobre uno de ellos. Cada hueso del cuerpo parecía estremecerse a cada giro de las grandes ruedas. El viento azotaba su falda; se ciñó firmemente el chal como si éste le proporcionara alguna protección contra la tormenta.

Finalmente el *kuruma* se detuvo delante de una casa. El conductor bajó las varas y acto seguido descargó el baúl que descansaba sobre el eje. Amy no sabía dónde estaba pero supuso que era el lugar donde debía bajarse. Cuando descendió del *kuruma,* el conductor se inclinó delante de ella, agarró las varas y se alejó bajo la lluvia.

Amy llamó estridentemente a la puerta de la casa. Con gran alivio vio que un hombre blanco la abría. El hombre se quedó pasmado por un instante al ver a la extranjera menuda, completamente mojada, y parada frente a la puerta en medio de un tifón. La invitó a entrar y le ofreció un té. Gracias a Dios el hombre hablaba inglés, aunque con un acento americano. En torno a una taza de té humeante, la aventura de Amy brotó desordenadamente, y en seguida su anfitrión fue presa de la risa.

La historia fue tomando un tono divertido a medida que la contaba, hasta que los dos rieron tanto que a Amy le dolió el estómago. Cuando terminó de contar su experiencia Amy ya tenía un amigo comerciante americano. El comerciante le explicó que él sabía dónde vivían dos misioneros americanos, y aunque no conocía sus nombres, estaba razonablemente seguro de que eran ellos los que estaba buscando. En caso contrario, ellos podrían indicarle su destino. Después de tomar varias tazas de té, el comerciante detuvo otro *kuruma* para transportar a Amy. Dio las instrucciones al conductor en idioma japonés, y Amy prosiguió su viaje. Esta vez ella sabía hacia dónde se dirigía.

Cuando Amy llegó a la casa de los misioneros halló que ellos eran los que realmente la estaban esperando. También estaban esperando al misionero que había sido enviado desde otra base de la misión para encontrarse con Amy. Él no había llegado todavía, lo cual explicaba por qué nadie acudió a recibirla en el muelle. Los otros misioneros supusieron que el tifón lo había demorado y que llegaría con retraso a Shimonoseki. No obstante, aquel encuentro frustrado concedió a Amy una oportunidad de aprender algo durante su primer día en el campo de misión. Dios podía hacer que las cosas resultasen bien, aun cuando éstas parecieran ir mal. Amy pensó en los hombres que transportaron su baúl y alquilaron el *kuruma*. Supuso que los misioneros habían pagado al conductor para que la llevasen hasta la casa del comerciante, pero ya no había manera de encontrarles para darles las gracias. Y el comerciante había pensado lo mismo. Amy había estado a merced de Dios por medio de la amabilidad de esos nativos extraños, y había recibido ayuda en cada paso que fue dando.

Amy se alegró mucho cuando se vistió con ropa seca. Estuvo empapada por unas seis horas, desde cuando abandonara el *Yokohama Maru*. Disfrutó de una buena comida con los otros misioneros antes de irse a la cama. Antes de quedarse dormida se incorporó en el lecho y escribió unas cuantas líneas en su diario acerca del primer día que pasó en Japón. Concluyó con estas palabras: *«De todas las experiencias divertidas, la de esta mañana fue la más graciosa»*.

Al día siguiente sin embargo, Amy se enteró de algo que la sorprendió mucho y le causó disgusto. Hacía un día gris, aunque no llovía. Salió alegre de casa. Ella y una de las misioneras que vivían en la casa donde se alojaba fueron a dar un paseo por la playa. Hablaron acerca de lo que se podía encontrar en el campo de misión. Amy señaló que sería maravilloso contar siempre con el apoyo de otros misioneros. La mujer se detuvo y se volvió hacia Amy. Con una expresión de total asombro manifestó: «¿No querrás decir que piensas que todos los misioneros se aman unos a otros?». Luego sonrió con una sonrisa que reflejaba una idea: *espera-hasta-que-lo-descubras*.

Amy se quedó atónita. Por supuesto, ella creía que los misioneros se amaban unos a otros. Si el mismo Jesús encargó a los cristianos que se amaran entre sí, entonces, ¿qué quería expresar esta

mujer? ¿Que los misioneros no obedecían más es-
crupulosamente los mandamientos de Dios que los
no cristianos? Eso no podía ser. Amy no lo podía
creer. Aquella noche oró bastante antes de acostarse: «Señor, ayúdame a amar siempre a las demás
personas como Tú nos amas a nosotros. Enséñame
incluso a amar a los cristianos que no me aman».
¡Amy tuvo muchas oportunidades de practicar esta
oración en los quince meses que siguieron!

Capítulo 7

Basta de ropa inglesa

El día 1 de mayo de 1893, Amy llegó a la antigua ciudad de Matsuye, su destino final en el Japón. Fue recibida por Barclay Buxton y los otros misioneros que constituían *el Equipo de Evangelización Japonesa*. Amy se alegró de conocerles. Estaba también agradecida por la habitación que ocupaba en la casa de la familia Buxton, desde donde se podían ver las montañas con nieve en la cumbre. Los tres niños pequeños de los Buxton empezaron pronto a seguirla por todas partes.

Durante los tres primeros meses que pasó en Matsuye, Amy vivió en medio de dos mundos. Uno era aquel mundo de la Inglaterra victoriana que se vivía dentro del hogar de los Buxton. Barclay Buxton era un hombre de posición social y económica desahogada, por lo que en lugar de dejar a sus hijos estudiando en Inglaterra —como hacían muchos misioneros de aquel tiempo—, se llevaron consigo una institutriz a Japón. En consecuencia, la familia observaba un horario muy parecido al de cualquier familia victoriana de clase social alta. El desayuno se servía a las siete y media; después se hacían las oraciones matutinas. Luego, los niños tenían clases con la institutriz y Amy estudiaba el idioma japonés. Después se tomaba el té de la mañana y se regresaba al estudio, y luego se servía un almuerzo abundante. Buena parte de los alimentos que se servían en casa de los Buxton eran importados de Inglaterra, de modo que lo que Amy comía en Matsuye era casi lo mismo que se servía en Broughton Grange, como leche condensada, carne enlatada y té inglés.

Los misioneros del *Equipo de Evangelización Japonesa* continuaban vistiendo ropa inglesa, salvo los domingos, cuando se hacían algunas excepciones. Como los japoneses acostumbran quitarse los zapatos y los sombreros cuando entran bajo techo, el *Equipo de Evangelización* hacía lo mismo cuando acudía a la iglesia. Para muchas mujeres victorianas de su clase, ser vistas descalzas en público era motivo de vergüenza: las mujeres se sentían medio desnudas. No obstante, no querían ofender a los cristianos japoneses, así que observaban aquella costumbre a pesar de sentirse muy incómodas.

Fuera del hogar de los Buxton y del círculo del Equipo de Evangelización, sin embargo, las cosas eran totalmente distintas. Amy podía caminar todo un día y no oír ni ver escrita una sola palabra en inglés. No dejaba de sorprenderse de los ingredientes de la sopa japonesa, como algas, raíces de azucena y babosas de mar, por nombrar sólo unos pocos.

Al cabo de poco tiempo Amy se sintió frustrada por no poder comunicarse más con la gente nativa. Se esforzaba en el estudio del idioma, pero era un trabajo lento y tedioso. Por ser ella como era, no quería esperar hasta hablar perfectamente en japonés para comunicar a la gente el mensaje del evangelio. Necesitaba un método eficiente para comenzar a hablar a los japoneses de inmediato. Hablaba con Barclay Buxton acerca de esta situación todas las mañanas, a la hora del desayuno, hasta cuando por fin, éste le asignó una intérprete personal que le enseñara japonés. Se llamaba Misaki San. Misaki San era cristiana y muy buena intérprete. Explicaba a Amy muchas cosas acerca de la vida y la cultura japonesas, así como acerca de las creencias budistas.

A medida que las dos mujeres pasaban tiempo juntas, Amy examinó el atuendo de Misaki San, un hermoso kimono que le llegaba hasta los pies. El kimono estaba ajustado por la cintura con un ceñidor enorme, que Misaki San llamaba *obi*. Misaki San usaba calcetines y unos zapatos de madera, con suela de dos centímetros y medio, compuesta por dos piezas cruzadas. Misaki San llevaba moño, pero no usaba sombrero.

Comparó el vestido de Misaki San con el suyo. Amy vestía varias mudas de ropa interior, tres enaguas blancas, un gorro fuertemente atado debajo de su mentón, medias, y zapatos de lazo. Llegó a la conclusión de que vestir un kimono como el de Misaki San era mucho más cómodo, más barato de reemplazar, y más fácil de desplazarse sin provocar escándalos. Amy creyó que debía usar kimono.

Estaba pensando en esto un día frío en que, acompañada de Misaki San, visitó a una anciana japonesa. Amy llevaba un grueso abrigo de lana y guantes de piel. La anciana intentaba concentrarse en el mensaje del evangelio que Amy y Misaki San le estaban compartiendo, pero le costaba trabajo prestar atención a lo que le estaban diciendo. De repente, la anciana extendió la mano y tocó las de la misionera. Hizo un ademán para que Amy se quitara los guantes, a lo que ella accedió. En los minutos siguientes la anciana examinó detenidamente los guantes y les dio varias vueltas antes de ponérselos. Amy y Misaki San no consiguieron que la mujer volviera a prestar atención al mensaje que le estaban comunicando.

Amy regresó a la casa de los Buxton con un semblante de determinación en el rostro. ¡Ya bastaba de ropa inglesa! Estaba en Japón, al otro extremo del mundo, y por lo tanto vestiría prendas japonesas. Se reprendió a sí misma mientras caminaba. Si hubiera llevado puesto un kimono, la anciana aún estaría escuchando el mensaje del evangelio. Si su ropa inglesa era un tropiezo para que un nativo oyera el mensaje del evangelio, entonces ella no quería ponérsela.

Gracias a Dios, Barclay Buxton comprendió la decisión de Amy, y la muchacha pasó a ser el primer

miembro del *Equipo de Evangelización Japonesa*
que vestía ropa nativa. Escogió un kimono azul
con un adorno de color verde claro. El azul era su
color favorito. Amy llevaba bordadas en japonés las
palabras «Dios es amor» en una franja del kimono.
Éste era realmente muy cómodo; y cuando Amy se
peinó el cabello al estilo de las japonesas, resultaba difícil, a cierta distancia, distinguirla de las demás mujeres. El único problema era el calzado. No
importaba cuánto lo intentara, pero Amy no podía
acostumbrarse al bamboleo de los zapatos de madera. Ni siquiera podía mantener el equilibrio para
caminar, por lo que decidió calzar zapatillas ne-
gras, sencillas, que hacían juego con la ropa y que
eran fáciles de quitar y poner al entrar o salir de
una casa.

Amy descubrió rápidamente que los japoneses
que transitaban por la calle apenas se fijaban en ella
cuando vestía kimono. ¡Qué alivio era poder salir y
no ser blanco de las miradas de todo el mundo! Una
tarde Amy salió a dar un paseo sola. Había apren-
dido suficiente japonés como para mantener con-
versaciones cortas. Prefería, normalmente, hablar
con los niños, porque sentía menos vergüenza si se
equivocaba delante de ellos. Después de andar un
trecho se detuvo delante de una casa para hablar
con una pequeña de unos cinco años. Amy le preguntó si había oído hablar de Dios y cuánto éste la
amaba. Entonces la niña asintió con entusiasmo:
—«Sí» —replicó la niña—. «Esta noche asistiré al espectáculo de imágenes de la *linterna mágica*. Allí
mostrarán su Dios los extranjeros».

La niña sonrió y se alejó corriendo por la calle. Amy la observó tratando de comprender lo que acababa de oír. El budismo es una religión que acepta muchos dioses y muchas estatuas de dioses. Los budistas suelen creer que la estatua es un dios, no sólo una mera imagen del dios. Amy no estaba segura de si la niña creía que los dibujos de Jesús, que muchos misioneros usaban, eran realmente Dios. ¿Era Dios sólo una imagen para la niña? Amy caminó despacio hacia su casa, angustiada por lo que la niña acababa de decirle. ¿Cómo podía ella hacer que los japoneses comprendieran que una imagen de Jesús no era Dios y no contenía poderes mágicos? Era tan sólo una imagen que no hablaba ni podía dar amor. A Amy le gustaban los dibujos de Jesús de Nazaret; tenía varios en su cuarto. Pero ella no era budista. Sabía que los cuadros no eran sino meras representaciones del aspecto que pudo haber tenido Cristo como hombre. Ella no adoraba los cuadros como si fueran Dios. Pero, ¿cómo iban los japoneses, criados en el budismo, a saber que esos cuadros no tenían poder alguno?

Cuando Amy llegó a la casa de los Buxton, tomó otra decisión. Aun cuando las imágenes de Jesús ayudaban a veces a explicar el mensaje del evangelio —especialmente cuando no se conocía muy bien la lengua—, Amy decidió que no debía usarlas y arriesgarse a suscitar un malentendido acerca de quién es realmente Dios.

Ella no publicó su decisión de no recurrir a las imágenes, pero los otros misioneros pronto notaron cuenta de que ya no sacaba su juego de estampas.

Cuando le preguntaron por qué, Amy se lo explicó lo más sencillamente que pudo, y muchos entendieron lo que les quería decir. A las pocas semanas del encuentro de Amy con la niña pequeña, muchos misioneros del Equipo de Evangelización Japonesa retiraron sus dibujos y decidieron contar a la gente las historias bíblicas. De esa manera los oyentes budistas no serían confundidos ni pensarían que los misioneros estaban «mostrándoles a su Dios» mediante las imágenes de las estampas.

En el mes de agosto Amy ya llevaba tres meses en Japón; estaba lista para reunirse con otros misioneros y asistir a la conferencia que se iba a celebrar en una ciudad llamada Arima. Asistió con mucha satisfacción a la conferencia, cuyas sesiones le hicieron recordar las reuniones de Keswick en las islas Británicas. Tuvo también una gran oportunidad de conocer a muchos otros misioneros que trabajaban en Japón. Pero en medio de tanta gente y tanta actividad, Amy se sintió sola. Había hecho muchos amigos desde su llegada a Japón, pero en ocasiones se fijaba en Barclay Buxton y su esposa y anhelaba una relación íntima como la que ellos disfrutaban. Se preguntó si debía casarse. El tener un marido, y quizás hijos, haría que la vida fuera mucho menos solitaria en el campo de misión.

Cuanto más pensaba acerca de aquel asunto, tanto más temor sentía Amy de ir envejeciendo y encontrarse sola. Algunos de sus hermanos y hermanas ya se habían casado, ¿por qué no iba a poder hacerlo ella? Pero no encontraba paz interior respecto a este asunto, de modo que se apartó a una cueva cerca de Arima para orar. Después de pasar varias horas en la cueva expresando su soledad a Dios y preguntándole si debía casarse o no, sintió que una gran paz descendía sobre ella. Oyó una voz en su corazón que le decía: «Ninguno de los que confían en mí estarán solos».

Amy dio gracias a Dios por la certeza recibida y salió de la cueva. Ya tenía su respuesta. Sabía que jamas se casaría ni tendría hijos propios. Pero Dios también le había prometido que nunca estaría sola. Si en aquel momento Amy hubiera visto el gran número de niños que la llamarían madre, o el de misioneros que la amarían y serían amados por ella en años posteriores, se habría echado a reír en voz alta. De una cosa Amy Carmichael jamás sería acusada: ¡de estar sola!

Otros tres meses pasaron. En noviembre, Amy sintió que debía hacer un viaje misionero. Habló del tema con Barclay Buxton y se decidió que ella y Misaki San visitaran la localidad de Hirose. Hirose era una de las poblaciones más grandes de la zona, aunque completamente budista. Sólo se sabía que allí vivían nueve cristianos. Antes de partir hacia esa localidad, Amy y Misaki San pasaron un día orando para pedir la bendición sobre su viaje. Al finalizar aquel día Amy sintió que Dios les prometía una persona convertida al cristianismo, como fruto de su viaje.

Los nueve cristianos de Hirose invitaron a sus amigos a oír el mensaje de Amy. Una mujer budista se presentó a la reunión. Era una joven tejedora de seda que sacrificó el jornal de un día para oír hablar del nuevo Dios. Cuando acabó la reunión ya era cristiana. Amy conoció entonces a la persona convertida que Dios le había prometido.

Cuatro semanas después Amy sintió que debía volver a Hirose, y dedicó otro día a orar en compañía de Misaki San. En esta ocasión Amy sintió que Dios le prometía un fruto de dos convertidos. Compartió gozosa la promesa con Misaki San y continuaron orando juntas por los nuevos convertidos mientras viajaban en un *kuruma* camino a Hirose. Efectivamente, la tejedora de seda que se convirtiera al cristianismo cuatro semanas antes, compartió su fe con una compañera de trabajo que también quería hacerse cristiana. Fue sorprendente. La población cristiana de Hirose creció de nueve a doce personas en un solo mes. Por supuesto, los cristianos del lugar estaban muy contentos y deseaban que Amy regresara pronto.

Dos semanas después Amy regresó. Esta vez sintió que Dios le mostraba cuatro personas convertidas. Cuando llegó a Hirose celebró el mismo tipo de reunión que en las dos visitas previas, pero esta vez casi no había nadie dispuesto a escuchar. Hacía demasiado frío para que la gente asistiera a una reunión. No obstante, Amy creyó firmemente que habría cuatro nuevos creyentes en Hirose antes de marcharse. Sólo tenía que descubrir dónde se encontraban.

Mientras tanto, los otros cristianos del lugar pensaron que Amy había desanimado a varios budistas de convertirse al cristianismo al presentarles un evangelio demasiado difícil. Amy pidió a las

tejedoras de seda convertidas que quemaran sus
ídolos. Los otros cristianos creían que Amy no entendía su cultura y que no había nada malo en el
hecho de que un cristiano tuviera ídolos en casa.
Los ídolos no hacían ningún daño —pensaban los
cristianos en Hirose—, por lo que pedir a los budistas que los quemaran, complicaba mucho su conversión. Así se lo dijeron a Amy, esperando que ella
apreciara la sensatez de lo que le decían, pero ella
no lo aceptó. Ella creía que todos los ídolos tenían
que desaparecer, y así se lo decía a cualquiera que
le preguntaba. Los cristianos japoneses suspira-
ron. A partir de ese momento, a nadie le interesa-
ría lo que Amy tenía que compartir. No obstante,
con escaso entusiasmo, siguieron apoyándola. Tal
como ellos pensaban, ninguno de los presentes parecía interesarse en el mensaje que Amy tenía que
darles. En cierta ocasión se sentaron y miraron
con miradas vacías a Amy, quien pronto se dio
cuenta de que no estaba alcanzando a nadie para
la causa de Cristo. Cuando ya comenzaba a desa-
nimarse, se hizo un gran silencio en la habitación
y después intervino alguien. Era la voz de una
mujer sentada en un rincón, al lado de la puerta.
«Yo quiero creer» —dijo.

Amy dio por finalizada la reunión y se puso a
hablar con la mujer. Cuando su hijo entró en la
habitación, en vez de interrumpir, permaneció de
pie y escuchó. Cuando Amy acabó de hablar con
su madre, el hijo también estaba dispuesto a ser
cristiano. Amy se estremeció. Una madre y un hijo
podrían apoyarse mutuamente en la fe que habían

abrazado. Amy los presentó a los otros cristianos japoneses antes de retirarse a su cuarto a descansar. Cuando iban de regreso, Misaki San y ella se detuvieron en casa de un cristiano para contarle la buena noticia. Cuando entraron en su casa tuvieron una sensación de alivio. «Me alegro mucho de que hayan venido» —dijo el hombre. «Tengo un huésped en casa que quiere saber cómo hallar el camino a Dios».

Amy habló con el huésped, quien al cabo de poco tiempo, también se convirtió a la fe cristiana. Pero, ¿dónde estaba el cuarto convertido? A esa hora hacía mucho frío, ya había oscurecido, y casi todos los cristianos de Hirose conocían el camino a la casa donde Amy y Misaki San se alojaban. Amy les preguntó si conocían a alguien que estuviera interesado en ser cristiano. Un hombre respondió: «Mi esposa lo está. Ella quiere pertenecer a Jesucristo, pero está fuera de la población y no volverá hasta dentro de una semana».

Amy se quedó perpleja. Estaba segura de que Dios le había prometido que habría cuatro conversiones en esta localidad durante su visita. Pero ¿cómo podría ser la esposa de aquel hombre, si ni siquiera se encontraba en la localidad?

Amy se despertó varias veces durante aquella noche. Oró para que por la mañana Dios la guiara a la cuarta persona que quería ser cristiana. Al rayar el alba un criado llamó a la puerta de Amy con un mensaje urgente. La esposa de aquel hombre había regresado inesperadamente y deseaba hablar con Amy. En efecto, la mujer expresó a Amy el deseo que tenía de hacerse cristiana. Ésta se llenó de gozo. Dios le había prometido que habría cuatro convertidos, y ciertamente, fueron cuatro. ¡Qué más podía pedir en aquel día de su vigésimo sexto cumpleaños!

Después de la Navidad Amy se preparó para emprender un nuevo viaje a Hirose. Estaba segura de que Dios le había prometido que en esa ocasión serían ocho los convertidos. Cuando se lo contó a los cristianos de Hirose, no todos se alegraron. Ocho era un número muy elevado para creer en su conversión. ¿Qué pasaría si este hecho no se producía? ¿Había pensado Amy en esa posibilidad? Se les tomaría por necios. Le dijeron a Amy que sería mejor pedir la bendición de Dios sobre las reuniones, y no incitar a la gente a creer en números concretos. Pero Amy no se dejó disuadir. Ella creyó que Dios le había prometido ocho conversos, y al final, los demás cristianos aceptaron creer que se alcanzaría ese número. Hicieron bien en creerlo, porque hubo, ciertamente, ocho nuevos convertidos al término de la reunión. La población de creyentes de Hirose se había triplicado desde que Amy comenzó a celebrar sus reuniones.

Una vez más Amy salió de Hirose emocionada por causa de todos aquellos convertidos. En los meses siguientes volvió varias veces a la localidad de Hirose. Por alguna razón, sin embargo, Dios no le prometió que en cada viaje, un número preciso de personas llegarían a ser creyentes. Amy lo explicó después alegando que, Dios deseaba que cada hoja de hierba fuera única, y que cada situación de una persona también lo fuera.

A Amy no le gustaba hablar de un asunto que se desprendía de sus viajes a Hirose: su salud. Después de cada viaje se sentía más y más agotada que en el anterior. A veces se veía obligada a permanecer en cama toda una semana, padeciendo terribles dolores de cabeza, y no era capaz de abrir las cortinas debido al resplandor del sol de invierno.

Mientras Amy yacía en cama se hizo muchas preguntas. ¿Iba a traicionarla su salud como lo había hecho en Ancoats? ¿Tenía razón el médico de la Misión al Interior de la China? ¿Realmente Carecía de fortaleza física para ser misionera? ¿Qué ocurriría si empeoraba su estado de salud? ¿Debería en tal caso volver a casa o quedarse y ser una carga para otros misioneros? Estas no eran preguntas fáciles de responder, pero como cada vez pasaba más tiempo en un cuarto oscuro, supo que tenía que responderlas pronto.

Capítulo 8

Aparta Japón de
tu pensamiento

Un desmayo —con pérdida repentina del conocimiento— provocó un desenlace a esta incertidum-
bre. Amy sólo se había desmayado una vez cuando
vivía en Irlanda, al sujetar a su hermano menor Al-
bert mientras el médico le cosía una herida en el
brazo. Ahora se volvió a desmayar en Imichi, la aldea japonesa que estaba visitando en esta ocasión.
Quedó inconsciente sin motivo aparente. Estaba hablando con varios cristianos acerca del culto ves-
pertino en el cual debía intervenir, y en un instante
quedó tendida en el suelo. Rápidamente la rodea-
ron muchos bordes de kimono y el ruido seco de las
chanclas de madera. Algunas mujeres le pusieron
paños húmedos en la frente e intentaron levantarla
del frío suelo. Amy se conmocionó por lo ocurrido.
Pese a sentirse tan débil en los últimos meses, se

suponía que ella era la fuerte del grupo. Después de todo, dijo una vez a alguien que el desmayo no era sino un «absurdo de las mentes débiles».

Amy consiguió incorporarse y pidió disculpas a los presentes. Varias personas se preocuparon y sugirieron que cancelara la reunión, pero Amy no quiso hacerlo. Ella era la conferenciante invitada y tenía que hablar del evangelio. Resultó ser un servicio dilatado y, aunque Amy no volvió a desmayarse, pagó por ello un alto precio. Aquel servicio religioso sería el último que celebraba en Japón.

Cuando regresó a Matsuye, Barclay Buxton mandó llamar a un médico. El diagnóstico del doctor fue «cabeza japonesa», una dolencia bastante vaga que abarcaba dolores de cabeza, debilidades y mareos. Sólo había una solución para la *cabeza japonesa:* ¡Apartar la cabeza de Japón!

Lo que más temía Amy pareció consumarse. Su cuerpo no era, ni mucho menos, tan fuerte como su espíritu. Barclay Buxton le aconsejó que lo mejor que podía hacer era recuperarse en Chefoo, en la costa china. La Misión al Interior de la China disponía allí de una casa para misioneros enfermos y estaba seguro de que le permitirían hacer uso de ella. No parecía haber otro curso de acción que ella pudiera tomar. Después de solo quince meses en Japón, Amy tuvo una triste despedida del país, y de los misioneros con quienes había trabajado, y subió a bordo de un vapor rumbo a China. Estaba en camino de hospedarse en una misión que ya una vez la había rechazado por razones de salud. Fue humillante para ella. Confiaba en recuperarse pronto y así poder continuar la obra misionera en Japón.

Después de un viaje tedioso Amy llegó por fin a Shanghai, donde la esperaban unas mujeres de la Misión al Interior de la China. Éstas le dieron malas noticias. La casa de Chefoo estaba abarrotada de misioneros enfermos y no había espacio para ella. Las mujeres le ofrecieron hospedaje con ellas en Shanghai, lo que Amy aceptó agradecida. Después de una semana de completo descanso empezó a sentirse lo suficientemente bien como para pensar y, por supuesto, orar. Entonces preguntó a Dios qué era lo que debía hacer a continuación, y sin saber de dónde, le llegó la clara impresión de que ella debía ir a Colombo, Ceilán.

La perspectiva volvió a dejar sin fuerzas a Amy. ¡Ceilán! ¿Qué diferencia había con Japón? ¿Y qué pensarían en Inglaterra los fieles de Keswick que la apoyaban? Desde fuera daba la impresión de ser una mujer enferma, que iba recorriendo el continente asiático a expensas de quienes la apoyaban económicamente. ¿Le permitiría Dios algún día establecerse en algún lugar, o iba a pasar un año aquí y otro allá por el resto de su vida?

Aunque Amy no tuviera ninguna respuesta y se sintiera débil, sabía a ciencia cierta que debía ir a Ceilán. De modo que pagó diez libras por un pasaje, y el 28 de julio de 1894 se embarcó con rumbo a Colombo.

Una vez más salieron a recibirla unos amables misioneros que la llevaron a su base donde la cuidaron. Amy escribió a Robert Wilson y a su madre explicándoles cómo había llegado a Ceilán. La señora Carmichael le respondió inmediatamente y le sugirió que considerara un posible regreso a casa. Amy no hizo caso. Su salud estaba mejorando en Colombo, y se volvió a encontrar en plena obra misionera. Respondió a su madre diciéndole: «El dolor ya ha pasado y tengo fuerzas para volver a la batalla». Eso opinaba Amy de su propia salud, pero no opinaba lo mismo el médico de la misión que la examinó. El doctor le dijo que padecía «fatiga cerebral» y necesitaba un completo descanso. Amy intentó descansar lo mejor que pudo, pero había demasiado trabajo misionero por hacer, suficiente para toda una vida.

Amy rehusó tercamente la posibilidad de abandonar Ceilán; es decir, hasta el 27 de noviembre de 1894. Aquella mañana, cuando volvió de una reunión, una carta le esperaba. Reconoció la dirección del remitente: Broughton Grange, pero no la escritura. ¿Quién, aparte de Robert Wilson, podía escribirle del Grange? Abrió el sobre. La carta había sido escrita por William, el hijo de Robert Wilson. Decía que su padre había sufrido un grave ataque al corazón y pedía a Amy que regresara a casa de inmediato.

Si Robert Wilson quería a Amy, nada en la tierra la mantendría alejada. Se lanzó a la acción y en tan solo veinticuatro horas emprendió viaje a Inglaterra. Para llegar más pronto, compró un pasaje hasta Nápoles, Italia. Desde allí atravesaría Europa por tren, cruzaría el Canal de la Mancha y tomaría otro tren hasta Londres, donde su madre la estaría esperando. Si todo salía bien, llegaría a Inglaterra para su vigésimo séptimo cumpleaños. El plan parecía bueno, pero en realidad, Amy estaba gravemente enferma y desde cuando zarpó de Ceilán transcurrieron muchos días en que ni siquiera se levantó de su litera. Hubo días en que no probó bocado y días en que su diario quedó completamente en blanco.

Amy desembarcó en Nápoles, pero no tenía fuerzas para llegar a la estación de ferrocarril y tomar el tren hasta Roma. En estas circunstancias tuvo que afrontar el cambio de trenes en Roma para viajar a París, y cruzar esta última ciudad para tomar otro tren hasta Calais y embarcarse para cruzar el Canal de la Mancha. Como le sucediera a su llegada a Japón, Amy estaba a merced de extraños. Estos fueron muy amables con ella. Primero en Italia, y luego en Francia, notaron que Amy tenía necesidad de ayuda. La escoltaron de un tren a otro, hasta que por fin, el 15 de diciembre de 1894, Amy llegó a Londres.

Su madre acudió a recibirla a la estación. Amy estaba exhausta del viaje y al salir del vagón cayó en brazos de su madre. Durante el viaje no había tenido noticias familiares y anhelaba saber si Robert Wilson aún seguía vivo. Su madre le aseguró que estaba bien y con grandes deseos de verla. Pero antes de recorrer el trayecto hasta Broughton Grange, debería descansar y recobrar fuerzas. Tuvo que esperar nueve días, hasta Nochebuena, para reunir fuerzas suficientes para viajar en tren dirección norte, hasta el Grange.

Robert Wilson se estaba recuperando de su ataque al corazón. Ver a Amy fue la mejor medicina
que pudo encontrar. Pasaron horas enteras conver-
sando en la biblioteca. Amy le contó sus aventuras
misioneras y él la convenció para que publicara un
libro que incluyera las cartas que había escrito
desde Japón. Éstas contenían reflexiones muy her-
mosas, expresadas admirablemente, por lo que
hubiera sido una lástima no proporcionar a los
cristianos ingleses la oportunidad de ver la obra misionera a través de sus ojos. En los seis meses
siguientes, aparte de cuidar de Robert Wilson, Amy
recopiló sus cartas y preparó el manuscrito. Ella
misma dibujó muchas de las ilustraciones del libro
y William Wilson se ocupó del resto. ¡Cuánto habían cambiado las cosas desde los primeros días
en el Grange, cuando a los hermanos Wilson no les
gustaba la presencia de Amy!

Amy tituló su libro, Desde la tierra del sol naciente. Obtuvo un éxito instantáneo y se volvió a
imprimir a los pocos meses de su primera publicación. Una vez terminado el libro Amy no sabía qué
hacer. El médico le dijo que su salud seguía siendo
delicada, demasiado como para emprender un nuevo viaje misionero. Mientras buscaba qué hacer, las
semanas se hicieron meses y la vida cayó casi en la
misma rutina previa a su partida para el Japón.
Por fuera parecía que nada había cambiado; pero
por dentro Amy era una persona distinta. Había
experimentado personalmente el campo de misión.
Actuó según sus puntos de vista acerca del atuendo nacional y la observancia de algunas costumbres

nacionales «inofensivas» como la tenencia de ídolos, y aprendió a oír y a seguir la voz de Dios. Pero, ¿qué debía hacer ahora con toda esta experiencia acumulada? Decidió orar con fervor.

Poco después Amy recibió una carta de una amiga que tenía en Bangalore, al sur de la India. Su amiga era enfermera y estaba encargada de un hospital sostenido por la Sociedad Misionera Zenana, de la Iglesia de Inglaterra. En esa carta le contaba a Amy que el clima de las montañas de la región de Bangalore era muy agradable y sano, no demasiado caliente ni demasiado frío, y no tenía las temperaturas extremas que se daban en China o en Japón. Le preguntó si estaba dispuesta a venir a trabajar con ella en Bangalore. Amy estaba dispuesta a considerar cualquier cosa, pero pensó que era como una pequeña «trampa» optar por la salida fácil de trasladarse a un lugar de clima suave. Por otra parte, sentía grandes deseos de regresar al campo de misión y parecía poco probable que algún médico la dejara volver a un lugar de climas extremos. Amy determinó que si la Sociedad Misionera Zenana la aceptaba como misionera conociendo su condición física, y sin pertenecer a la Iglesia de Inglaterra, entonces iría a Bangalore.

Después de una serie de entrevistas con dicha sociedad misionera, en julio de 1895, Amy fue aceptada para trabajar en el sur de la India. Una vez más, la sociedad de Keswick aceptó patrocinarla y sostenerla. Tres meses después Amy se despidió nuevamente de Robert Wilson. Acababan de celebrar su septuagésimo cumpleaños, y como él iba envejeciendo, ella supo que esta vez probablemente no volvería a verlo vivo. Lo que ella ignoraba era que jamás volvería a pisar las islas Británicas. Compró un boleto de ida a la India, creyendo que éste era el lugar donde Dios la llamaba. Ciertamente, fue el último viaje oceánico que hizo. Ya nunca saldría de la India.

Capítulo 9

Como pez fuera del agua

Amy repitió la ruta de su primer viaje a Japón. Navegó en dirección Este a través del mar Mediterráneo hacia el Sur, por el canal de Suez y el mar Rojo y a través del océano Índico. Durante el viaje solía sentarse en cubierta, en una mecedora de madera, y contemplar el mar. Siempre pensaba en lo mismo: ¿Cómo sería la India?

Todos los ingleses creían que sabían muchas cosas acerca de la India porque después de todo, había estado bajo control británico desde el siglo diecisiete. Al principio fue controlada por la Compañía Británica de las Indias Orientales, pero, en 1858 pasó a ser directamente controlada por la corona británica, convirtiéndose en la colonia más popular del imperio. La reina Victoria era también conocida como emperatriz de la India, y el propio país fue llamado la «joya de la corona imperial». Estaba muy de moda entre los jóvenes ingleses pasar algún tiempo en la India. Allí se mantenían estacionados sesenta mil soldados para mantener la paz, lo cual proporcionaba muchas oportunidades para que un joven inglés labrara fama y fortuna viviendo algunos años en esas lejanas tierras.

Té de calidad, especias exóticas y algodón en bruto se vendían en cualquier lugar de Inglaterra. Las librerías vendían novelas e historias de descubrimientos y aventuras acontecidos en la India. Pero, en realidad, Inglaterra influyó mucho más en la India que ésta en la metrópoli. En la colonia se hablaba el inglés como lengua de comercio y de gobierno, lo cual facilitaba las cosas porque allí se hablaban quince lenguas de considerable extensión, por no mencionar más de ochocientos dialectos regionales. La administración de inglaterra, o Raj —como se le llamaba—, exportó ferrocarriles, carreteras, industria y educación a la India.

Los ingleses que vivían en la India constituían una clase social bien distinta. Disponían de todo lo mejor. Podían permitirse el lujo de tener un buen número de sirvientes pues costaba poco alquilarlos. Los hombres practicaban la cacería de elefantes, jugaban al críquet y a las cartas, y las mujeres ofrecían almuerzos a sus amistades, bordaban almohadones y organizaban lecturas de Shakespeare. Los niños se enviaban a la metrópoli para ser educados en los «internados» y normalmente regresaban en el verano para ir con sus familias a las montañas y escapar así de las altas temperaturas veraniegas. En resumen, los ingleses en la India eran mimados y eso les gustaba.

Aparte del té, las especias, el algodón y la vida regalada, Amy ignoraba como sería realmente la India. ¿Qué le tendría Dios preparado para hacer en favor de los trescientos millones de personas que vivían entonces en aquel país? Aunque no estaba segura de lo que le esperaba, sí sabía que en su primera etapa trabajaría para la sociedad misionera Zenana.

El barco atracó en Madrás, en la costa sur. A Madrás se le conocía como la «Puerta del Sur». Mucha gente rodeaba el fondo del portalón mientras se produjo el desembarque. Los hombres se ofrecían a llevar el equipaje de Amy, o a llamar un carro, en tanto que ella buscaba al señor Arden, secretario de la Sociedad Misionera de la Iglesia, a quien Robert Wilson había encargado ir a recogerla. Efectivamente, allí estaba esperándola. El hizo señas a Amy entre el gentío, y ésta dio un suspiro de alivio cuando lo vio. Se saludaron. Su aventura en la India, ciertamente, comenzaba mejor que su experiencia vivida en Japón.

Mientras el señor Arden cargaba su baúl en un carruaje arrastrado por un caballo, Amy echó un vistazo en torno suyo. Resultaba difícil captarlo todo de golpe. Nunca antes había visto tantos colores. Cada *sari* —vestido tradicional de la mujer india— era distinto, y parecía más llamativo que el anterior. Relucían colores como el azul pavo real, el naranja iridiscente y el amarillo tan brillante como el sol. Había hombres altos y morenos con turbantes enroscados, blancos o naranjas, surgían por todas partes, como también niñas pequeñas con brazaletes discordantes del tamaño de sus brazos. A Amy le encantó lo que vio. El señor Arden la llevó a su casa en donde pasó sus tres primeras semanas, antes de dirigirse hacia Bangalore, al interior, en donde se hallaba el hospital de la misión Zenana. Amy decidió quedarse tres semanas en Madrás porque quería llegar a Bangalore descansada y en buen estado de salud. Mientras permaneció en casa de los Arden consultó a todo aquel que tuviera tiempo para responderle sus preguntas sobre la India. A ella le interesaba particularmente la historia del cristianismo en el sur del país, porque allí era donde establecería su nuevo hogar. Supo que, según la tradición, Tomás —uno de los doce discípulos—, fue capturado y vendido como esclavo a un mercader que le transportó al sur de la India.

Una vez allí Tomás volvió a ser vendido, esta vez a un rey llamado Gundobar, quien le encomendó la supervisión de la construcción de su nuevo palacio. Durante la edificación, Tomás tuvo oportunidad de hablar con el rey acerca del evangelio del Señor Jesucristo, y resultó que el rey se convirtió al cristianismo y fue bautizado. A Amy le encantó enterarse de que hubiera allí un grupo de creyentes que se hicieran llamar «cristianos de Tomás», y que remontaran las raíces de su congregación al tiempo de Santo Tomás y el rey Gundobar.

Una semana después de la llegada de Amy, otra misionera llamada Louisa Randall se acercó a hablar con ella. Louisa era inglesa, de la misma edad que Amy. Le mostró una carta relacionada con un problema que había surgido recientemente. Varios meses antes había conocido a una joven musulmana que quería ser cristiana. Pero, a diferencia de los budistas japoneses que toleraban a un cristiano en el seno familiar, las familias musulmanas se airaban sobremanera si alguno de sus miembros se convertía al cristianismo. La joven musulmana sabía que si se convertía sería desterrada de su hogar y su familia para siempre, o asesinada por sus hermanos. Finalmente la joven concluyó que no tenía el coraje suficiente para sacrificarlo todo, incluida posiblemente su vida, de modo que decidió seguir siendo musulmana.

En una carta a sus patrocinadores, Louisa refirió el caso de la joven musulmana y su conflicto interior. Entonces uno de ellos respondió diciendo que la historia era demasiado deprimente, y sugirió que Louisa la iluminara un poco con un «final feliz». La respuesta molestó a Louisa hasta el punto de dudar si había hecho bien en escribir, o si hubiera sido mejor no contar aquella historia. Por eso acudió a Amy para preguntarle qué pensaba acerca del asunto. ¿Debía rescribir la historia de la joven, haciendo que el final pareciera más vago y menos deprimente a sus patrocinadores? Amy se horrorizó. ¿Cómo podía un cristiano forzar a una misionera para que se inventara un *final feliz* cuando no lo había? La verdad es la verdad, dijo Amy a Louisa; y nada, ni siquiera la presión de los sostenedores debía hacer que un misionero se desviara de ella.

Por extraño que parezca, no pasó mucho tiempo para que Amy fuera probada en este punto. Descubrió que decir la verdad no siempre es popular, incluso entre los cristianos.

Las tres semanas en casa de los Arden pasaron rápidamente y Amy emprendió un viaje de trescientos setenta kilómetros, distancia que separa Madrás de Bangalore. El viaje pareció fácil en el mapamundi de la biblioteca de Robert Wilson. Pero eso fue en Inglaterra. Sentada en un tren que corría con dirección oeste, creyó que el viaje duraba eternamente.

Aldeas y templos desfilaron por la ventana del tren, delante de sus ojos, pero le costaba trabajo concentrarse en lo que veía. Un sirviente le trajo una taza de té, pero no tuvo bastante fuerza para levantar la taza y llevársela a los labios. Amy se dio cuenta de que volvía a estar enferma y que a cada instante que pasaba empeoraba. En esta ocasión padecía fiebre dengue, o «fiebre rompehuesos», como también se le conoce. Realmente Amy se sentía como si todos los huesos de su cuerpo estuvieran rotos. Apenas pudo levantarse del asiento cuando el conductor anunció que el tren estaba llegando a la estación de Bangalore.

Se arrastró por el tren y cayó en brazos de una misionera de Zenana que fue a esperarla. Su llegada fue justo al revés de lo que había previsto, pero estaba demasiado enferma como para importarle. Fue trasladada prontamente y recluida en el mismo hospital que ella había ido a servir. Amy necesitó de varias semanas para recuperarse. Mientras yacía en una cama del hospital fue invadida por oleadas de nostalgia. Sintió nostalgia de su madre y de Robert Wilson en Inglaterra, nostalgia de Barclay Buxton, Misaki San, y los cristianos de Hirose, en Japón. Sintió incluso nostalgia de la obra misionera que nunca pudo hacer en China. Le pareció que sería mejor estar en cualquier otro sitio que en el hospital, sustrayendo el tiempo valioso de los misioneros con quienes iba a trabajar.

A medida que fue sintiéndose más fuerte comenzó a implicarse en la rutina diaria de la Sociedad Misionera Zenana. Una de las primeras cosas que hizo fue asistir a una velada social que se celebraba mensualmente. En esas reuniones comenzaron a manifestarse las diferencias entre Amy y otros misioneros. He aquí una escena bastante cándida: las misioneras sentadas en círculo, y bajo la luz de una lámpara, bordaban pañuelos en silencio, haciendo nudos franceses y punto de satén. Uno de los misioneros leyó un artículo acerca de la relación entre los misioneros y los cristianos nativos. Los otros hombres, sentados, escuchaban y asentían de vez en cuando. Cuando el primero acabó su lectura se inició un coloquio. Hablaban principalmente los hombres, pero, ocasionalmente, una mujer levantaba la vista de su bordado y ofrecía su opinión. A medida que progresaba el debate surgió la pregunta de quién podía nombrar a un solo cristiano indio que trabajara en el evangelismo sin recibir salario de algun misionero o de la iglesia. Las mujeres continuaron pinchando y sacando sus agujas de las telas, mientras los hombres fruncieron el

ceño y reflexionaron en la pregunta. Pasó un minuto, pasaron dos, tres... Daba la impresión de que
ninguno conocía a nadie. «Bueno» —dijo un hombre
con una risa nerviosa—, «Realmente no se les puede
echar la culpa a ellos». En ese momento un sirviente trajo té caliente y bocaditos de pepino. Entonces
toda la atención de los presentes se desvió hacia los
refrigerios.

Amy apartó su bordado. Se quedó aturdida mientras los demás bebían té y comían bocaditos. Se
preguntaba si lo que acababa de oír era cierto. En
el sur de la India, donde según la tradición Santo
Tomás llevó el evangelio desde Israel, y los cristianos sirios conformaron una comunidad floreciente
en el siglo cuarto, y cientos de misioneros de muchas
denominaciones laboraron por siglos, ¿podía ser cierto que ningún cristiano comprendiera el gozo de ren-
dir voluntariamente su tiempo para servir a Dios?
No podía ser.

Amy pensó en las del chal de Belfast, que se habían quedado sin dormir, y habían entregado de buena gana sus dos preciosos días de descanso al mes
para ayudar en la obra de *La Bienvenida*. Siempre
que había necesitado a alguien para completar un
servicio o barrer el vestíbulo, las del chal estuvieron
allí, libre, gozosa y voluntariamente, ofreciendo su
tiempo para cumplir su parte en alcanzar a otros
con el mensaje del evangelio. Por supuesto, Amy no
pensaba que estuviese siempre mal pagar a una persona por su trabajo, pero la idea de que no hubiera
una sola persona que trabajara sólo por el amor a
Dios le hizo enmudecer.

Amy observó a los otros misioneros sentados, sorbiendo té en tazas de porcelana. ¿No deberían estar más bien de rodillas, pidiendo a Dios que les perdonara por no inspirar a la población nativa? En esta ocasión pasaron otra ronda de bocaditos de berro y tomate. Amy no lo podía creer.

Esta no fue la única conmoción que sufrió Amy en sus primeros días en la misión. Cuanto más detalles veía en la vida misionera, más cosas le importunaban. Cuando manifestó que deseaba visitar la clase de los nuevos convertidos, le respondieron que no la había; que no era necesario. No había habido clase de nuevos convertidos en varios años. Una vez más Amy apenas podía creer lo que oía. Cuando preguntó por qué no había nuevos convertidos, un misionero que había servido en la misión de Bangalore durante muchos años le explicó el sistema de castas hindú, como parte de la respuesta.

Los hindúes se dividen en cuatro castas o grupos. Todo hindú nace en la misma casta que sus padres. Los *brahmanes* forman la casta superior, y son los líderes políticos y religiosos. Luego están los *kshatrillas* o guerreros; los *vaisyas*, granjeros y comerciantes; y los *sudras*, trabajadores y siervos. Por debajo de ellos están los inferiores de los inferiores, aquellos que no pertenecen a ninguna casta. Se les llama los *intocables*. El sistema de castas se estableció como forma de organización de la sociedad. Era muy semejante al de los reyes, señores, nobles y siervos de la Europa medieval. Pero con el paso de los siglos se fueron añadiendo cada vez más normas acerca de las relaciónes entre las distintas castas, con lo que se formaron castas nuevas en los principales grupos. Así que cuando Amy llegó a Bangalore había varios miles de castas y muchas normas, algunas eran muy estrictas y fuertemente reforzadas.

Por ejemplo, una persona no podía comer alimentos preparados por un miembro de una casta inferior ni casarse fuera de su propia casta. Los intocables debían ocuparse de las labores que nadie quería realizar. Tenían que limpiar las cenizas después de las ceremonias crematorias, preparar pellejos de animales y vaciar los orinales de alcoba. Los otros hindúes no querían tener nada que ver con ellos. Su casta les prohibía todo contacto. Los intocables no podían beber agua del mismo pozo, ni siquiera asistir a la misma iglesia que los miembros de otras castas, por temor a que su sombra tocara a alguien y lo volviera inmundo. Amy movió la cabeza. Ella había visto a los intocables en Madrás vestidos con harapos y con los ojos clavados en el suelo.

El veterano misionero de la Sociedad Zenana siguió contando a Amy acerca del control que el hinduismo ejercía sobre la gente. La lealtad lo era todo para un hindú. La lealtad de una esposa a su marido condujo a la práctica del *suti*, la cual los ingleses intentaban erradicar. El *suti* significaba que a la muerte de un hombre, su esposa debía cometer suicidio arrojándose al mismo horno crematorio. A veces la viuda necesitaba «una pequeña ayuda», pero era considerado justo y leal hacerlo. Lo mismo era cierto en cuanto a la religión. Al hindú que se convertía al cristianismo se le ponía la etiqueta de infiel. Para los otros hindúes, los cristianos convertidos habían sido desleales para con su religión, su sociedad y su familia. En consecuencia, a veces eran asesinados por sus mismos familiares, para impedir que acarrearan nuevas deshonras a la familia.

Amy pensó en la carta de Louisa y la ausencia de un «final feliz». Comenzaba a ver las garras del hinduismo sobre cada esfera de la vida nacional. «Pero, ¿no es el poder de Dios mayor que el poder del hinduismo?».

«Sí, debería serlo —suspiró el misionero veterano—, pero en realidad no lo era». Entonces lanzó a Amy un reto: ¿Estaba dispuesta a orar y preguntar a Dios por qué no estaban viendo la conversión de ningún hindú? Por supuesto, que lo haría. Se puso a orar inmediatamente. Ella había ido a la India para ver a Dios obrar en la vida de los nacionales, y tanto como cualquiera, deseaba saber por qué no estaba sucediendo.

Una barrera que notó Amy fue que, aun cuando la sociedad misionera tenía un colegio, la mayor parte de los maestros eran hindúes o musulmanes. Amy volvió a hablar con el misionero de más edad. Le preguntó qué sentido tenía emplear a maestros de otras religiones para enseñar en el colegio. ¿No era acaso el propósito de un colegio cristiano influenciar a los alumnos con el cristianismo? ¿Cómo podría ser esto si sólo unos cuantos maestros eran cristianos? El misionero le dijo que no era tan fácil como parecía encontrar cristianos que pudieran enseñar. Además, ¿no era preferible tener maestros hindúes o musulmanes que no tenerlos en absoluto? Para Amy no lo era. Al menos en un colegio cristiano. Amy refirió al misionero la ocasión en que ella anduvo escasa de obreros en *La Bienvenida*, y muchos oportunistas le ofrecieron ayuda movidos por un sentido de obligación social. No obstante, ella los rechazó a todos y esperó a que Dios le proveyese cristianos comprometidos que sirvieran a los demás por amor a Él. ¿Por qué no podía el colegio misionero aplicar el mismo principio? Ella sabía que daba resultado; lo había experimentado de primera mano.

No había respuestas sencillas y, aunque Amy les caía bien a muchos misioneros, sus preguntas comenzaron a incomodar a algunos.

En su libro diario, Amy escribió: «Estoy empezando a sentirme como pez sin agua». Naturalmente, los peces no duran mucho fuera del agua. Aunque Amy se esforzaba por adaptarse, aprender la lengua *tamil* y encajar en el molde misionero del imperio británico no resultaba fácil. Algo tenía que pasar para devolverla «al agua», y tenía que ocurrir pronto.

Capítulo 10

Como un nativo

Amy espoleó el costado de Laddie, el caballo que montaba. Su pelo largo, marrón oscuro, ondulaba al galope de Laddie por una senda flanqueada de pinos. Al principio ella no quería marcharse de Bangalore, pero una vez fuera de la ciudad se sintió a gusto respirando aires de libertad. Esperaba casi el cambio de clima de Kotagiri, estación de montaña situada a más de novecientos metros de altitud sobre las colinas de Nilgiri, donde los ingleses gustaban retirarse a descansar y apartarse de las lluvias monzónicas que caen en los meses de abril y mayo.

Amy volvió la vista al resto del grupo que la acompañaba. Éste trazó una curva y volvió a ser visible. ¡Fabuloso espectáculo el que ofrecían! Sus tres compañeros misioneros eran transportados en sillas de manos, con varas a los costados, cargadas sobre las espaldas de ocho criados. Detrás de las sillas iba Saral, transportando una ligera carga de ropa, y después otros doce criados todos esbeltos y robustos, acarreando una caja o un baúl: el equipaje de los misioneros. Los criados transportaban de todo: raquetas de badminton, redes, e incluso un juego de sillas plegables. En el viaje hacia Kotagiri, Amy había adelantado a una familia cuyo piano era transportado sobre un carro de bueyes, y a otra, con una bañera de hierro entre su equipaje de vacaciones.

Amy dirigió su atención hacia adelante. La procesión que la escoltaba representaba todo lo que a ella no le gustaba de la India. Hicieron falta treinta y seis criados para transportar a cuatro ingleses y todas sus pertenencias «necesarias», desde Bangalore hasta la estación de montaña de Kotagiri, para que los misioneros pudieran descansar un poco. «¿Acaso los criados no necesitan cien veces más descanso que nosotros?» —se preguntó Amy mientras cabalgaba. Ella anhelaba vivir con sencillez, exenta del té de la mañana y de la tarde, de las reuniones para hacer frivolidades y de los partidos de críquet. Quería ser libre para alcanzar a los nativos. Quería llegar a conocerles como personas, no como siervos. Pero, ¿cómo podía conseguirlo? Era una mujer inglesa rodeada de criados indios. Los ingleses no debían tratar a los indios sólo como siervos.

A lo largo del camino, mientras olía las gratas esencias de los pinos y escuchaba maravillada el gorjeo de los pájaros, se le ocurrió una idea. ¿Por qué no instalarse en el seno de una familia india? Después de todo, si vivía entre ellos podría aprender más fácilmente la lengua *tamil*, y conocer a los nativos mucho mejor. Dio vueltas a la idea y sólo encontró un obstáculo, aunque grande. «Hacerse nativo» —así se conocía en la comunidad misionera a la estrecha identificación con los nativos— se veía con bastante desagrado social. La persona que se identificaba con los nativos era considerada como desertora de la misión al abandonar las «civilizadas» tradiciones inglesas. Tal actitud se veía como un rechazo a la reina Victoria y al imperio. Con todo, Amy no podía sacarse la idea de la cabeza. ¿Cómo podía hacer que diera resultado? Necesitaba a alguien bien respetado en la comunidad misionera inglesa que apoyara su plan. El verdadero problema radicaba en que ella no conocía a nadie que pensara que el vivir como un nativo más no fuera una idea descabellada.

Llegó por fin a Kotagiri e inmediatamente se vio metida en un nuevo problema. Los problemas parecían acompañar a Amy adondequiera que iba. No podía acostumbrarse a ser una dama del imperio. Esta vez tuvo que enfrentarse al hecho de que Kotagiri era el destino favorito de los ingleses, incluidos los misioneros, precisamente porque había muy pocos indios allí. Los que quedaban allí eran mayormente criados que conocían su función social y procuraban no ser vistos siempre que fuera posible. Amy llevaba a Saral consigo, pero no la trataba como una sierva, sino como una amiga y ayudante, al igual que tratara a Misaki San en Japón. Esperaba compartir su habitación con Saral durante su estancia en Kotagiri, pero la sola idea resultaba ultrajante a los otros ingleses. Pronto comenzó a extenderse el rumor de que había llegado a Kotagiri una pequeña rebelde advenediza irlandesa. La gente quería saber quién se creía que era, al tratar de alterar el orden social de Kotagiri con tal que una amiga india se alojara con ella.

Al fin, Amy cedió, y Saral se alojó con los otros criados. Pero la experiencia le inquietó en gran manera. No le resultaba fácil contemplar estas barreras entre los cristianos. Sin embargo, su decepción prendió en ella el deseo de encontrar una manera de derribar tales barreras.

Mientras estuvo en Kotagiri, Amy continuó dedicando seis horas diarias al estudio de la lengua *tamil*, lo mismo que hiciera en Bangalore. Cuando no estudiaba, exploraba las colinas circundantes con Saral. Pero en sus caminatas descubrió que se cansaba mucho caminando largas distancias. Su cuerpo volvía a abandonarla. Desde su llegada a la India su salud se había deteriorado, y muchos de sus compañeros le dijeron que no creían que durara más de un año en el país. A pesar de su debilitado cuerpo, Amy resolvió recuperar su fuerza y demostrarles que estaban equivocados.

Después de pasar algunos días en Kotagiri, Amy y Saral viajaron a Ootacamund, otra estación de montaña que los ingleses llamaban «Ooty». (Algunas personas que no podían permitirse el lujo de pasar allí sus vacaciones la calificaban de «engreída

Ooty».) Amy tenía muchas ganas de llegar a Ooty, no porque necesitara ser mimada por los criados, sino porque iba a ser la sede de ciertas reuniones al estilo de Keswick. Uno de los conferencistas anunciados era Thomas Walter, presidente de la Sociedad Misionera de la Iglesia en la India, organización que supervisaba la labor de la misión Zenana con la que Amy trabajaba en Bangalore. Amy tenía muchos deseos de oírle. Todo el mundo tenía algo bueno qué decir de Thomas Walter. Todo el mundo le llamaba Iyer Walter. (Iyer es un término indio que expresa respeto.) Walter era un misionero veterano que hablaba la lengua tamil mejor que muchos nacionales. También conocía la historia del sur de la India mejor que cualquier otro inglés.

Por todo lo que había escuchado hablar de él, Amy creía tener una idea aproximada de lo qué podía esperar en la reunión que Iyer Walter debía intervenir. Ella lo imaginaba anciano, tal vez un poco más joven que Robert Wilson. Amy escondió su libro de gramática tamil debajo del brazo, por si acaso Iyer Walter resultaba un conferenciante aburrido. Estudiando gramática podría aprovechar bien el tiempo.

Amy no llegó a abrir el libro de gramática durante la reunión; más bien mantuvo sus ojos bien abiertos. Iyer Walter no era como se lo había imaginado. Era un hombre joven, de unos treinta y seis años de edad, sólo siete años mayor que ella. Tenía el pelo negro como el azabache, sin una sola cana. Sólo se puede definir su mensaje recurriendo a una palabra actual: *electrizante*. Amy escuchó todo lo que dijo, y se maravilló que un hombre tan joven fuera tan sabio. Mientras él hablaba, en un rincón de su mente Amy pensaba otra cosa. Quizás, solo quizás, Iyer Walter era la persona a convencer para que apoyara su plan de vivir con una familia india. Todo lo que Amy quería hacer en la India parecía encajar con lo que Iyer Walter decía en su mensaje.

Al finalizar la reunión, Amy se apresuró para presentarse ante él. Por sus párpados levantados Amy dedujo que ya había oído hablar de ella. Hacía calor y el ambiente era pesado en la tienda donde se celebraban las reuniones, de modo que Iyer Walter y su esposa invitaron a Amy a dar un paseo por un jardín cercano. Después de tratar el tópico del sermón por unos diez minutos, Amy se armó de coraje y le lanzó una pregunta a Iyer:

—Señor Walter —comenzó, mirando al suelo—, procuro aprender la lengua tamil lo más rápido posible, pero me siento frustrada. Me gustaría aprenderla más deprisa. Creo que la aprendería mejor si viviera en una choza de barro con una familia tamil y hablara todo el día en tamil, no en inglés. Levantó la vista. Iyer Walter no dijo nada.

—¿Qué le parece? —le presionó.

—No sobreviviría mucho tiempo en aquel lugar —dijo francamente.

—Es mejor quemarme en una casa tamil que oxidarme en una casa de misiones—replicó Amy a la defensiva.

—Eso es lo que podría sucederle —dijo Iyer Walter, sin una pizca de humor en la voz o en el rostro.

Amy no lo podía creer. Había pensado que Iyer Walter le daría la razón. Pero sus comentarios fueron bruscos respecto a su plan. Amy determinó que no le gustaba en absoluto. ¡Opinaba demasiado! Las cosas no marchaban como ella había planeado. Tal vez, en lo más profundo, Amy se dio cuenta de que había encontrado a su par. Iyer Walker era tan obstinado y dogmático como ella. Y ambos tenían una cosa en común, aunque ninguno de los dos lo supiera. Ambos estaban a punto de tomar decisiones importantes las cuales les mantendrían unidos en el ministerio por el resto de sus días.

Iyer Walker había sido presidente de la Sociedad Misionera de la Iglesia en la India desde 1885, pero se había cansado. El cargo no parecía ofrecer otra cosa más que interminables papeleos y la oportunidad ocasional de intervenir en alguna conferencia. Él entendía la frustración que sentía Amy, aunque no se lo dijo en aquel momento, tal vez porque él era un misionero veterano que no debía sentirse así. Como Amy, él había ido a la India a vivir con la gente, no a trabajar en una sofocante oficina viendo más que todo caras blancas. Estaba listo para un cambio.

Cuando concluyó la conferencia de Ooty, Amy suavizó un poco la opinión que le merecía Iyer Walker. E hizo bien porque él le propuso una oferta interesante. Iyer se daba cuenta de que a Amy no le iban bien las restricciones de un ambiente misionero tradicional, por lo que la invitó a vivir con él y con su esposa y aprender de ellos la lengua tamil. Él se encargaría de hacer todos los trámites con la

Sociedad Misionera Zenana, si ella respondía afirmativamente. Cuanto más tiempo pasaba Amy fuera de Bangalore, tanto menos deseaba volver, de modo que asintió y se quedó a vivir con los Walker. El día que Amy se trasladó a vivir en casa de los Walker, el propio Iyer se mudó de la oficina de su misión. Dimitió como presidente. De manera que los Walker y Amy Carmichael iniciaron el mismo día nuevos capítulos de su vida.

Iyer Walker soñaba desde hacía mucho tiempo, viajar con un equipo de evangelistas a través del distrito Tirunelveli, al sur de la India. El distrito Tirunelveli está situado en el centro del cono sur del país, a una distancia equivalente del golfo de Mannar, al Este, y del mar Arábigo (mar de Lakshadweep), al Oeste. Está separado de estos mares por la cadena montañosa Ghates Occidentales. Iyer Walker decidió que era hora de convertir su sueño en realidad, así que, acompañados de Amy, los Walker se transportaron a una pequeña localidad llamada Pannaivilai.

A fines de julio de 1897, cuando por fin se instalaron en la sencilla cabaña que sería su nuevo hogar, Amy se hallaba en vías de dominar la difícil lengua tamil. Los Walker demostraron ser buenos maestros.

En el primer año que vivió con los Walker, Amy se dio cuenta que Iyer era, ciertamente, tan testarudo como ella. Ambos llegaron a un acuerdo que les permitía colaborar y expresar mutuamente lo que pensaban sin herir los sentimientos del otro. Esta fue una buena decisión, porque ambos tenían mucho que aportar. También, durante su primer año en Pannaivilai, sucedió algo que Amy recordaría como una advertencia para el resto de su vida. Tuvo que ver con una niña de quince años llamada Pappamal.

Pappamal vivía en una localidad cercana llamada Palayankottai, centro de actividad cristiana en la región. Pappamal había oído el mensaje del evangelio y había manifestado a Amy que quería ser cristiana. Por supuesto, esto significaba tener que tomar una decisión muy difícil para todos los implicados. Si Pappamal se convertía al cristianismo habría que alejarla de su familia porque, sin duda, sus parientes intentarían asesinarla. También acarrearía bastantes dificultades para los misioneros. Por cada conversión de un individuo de la casta alta le seguía una ola de persecución. La comunidad hindú entera no dejaría una piedra sin voltear para complicar la vida a los cristianos. Los nativos obligarían el cierre de las escuelas misioneras, provocarían daños en las iglesias, golpearían a los misioneros y entablarían juicios interminables. Si ayudaban a Pappamal, los misioneros se atraerían perjuicio sobre sí mismos. No obstante, los cristianos de Palayankottai consideraron la situación y resolvieron que si Pappamal tenía fe para abjurar del hinduismo, ellos harían todo lo que estuviera en sus manos para protegerla, sin tener en cuenta ninguna de las consecuencias.

Se decidió que Amy llevaría a Pappamal a Ooty, en donde una cristiana india la cuidaría. Era un viaje muy peligroso. Procuraron esquivar a otros caminantes. Afortunadamente las dos llegaron bien y Amy se animó bastante por la parte que le correspondía en el rescate de una joven del hinduismo. Resolvió que tales actos debían caracterizar la vida misionera en la India.

Mientras tanto, en Palayankottai se estaba incubando un problema. Cuando se extendió la noticia de que Pappamal había abandonado su familia y su casta, casi nadie dirigía la palabra a los misioneros. Los padres sacaban a sus hijos de la escuela y algunos indios declararon que preferían morir antes que visitar la clínica dirigida por los misioneros.

Más al norte, en las montañas de Ooty, la mujer de la Biblia —como se solía llamar a una mujer cristiana—, cuidaba fielmente de Pappamal; la vigilaba con exceso, según lo que aconteció. Una noche la mujer de la Biblia estaba segura de haber visto a un hombre frente a la ventana de Pappamal. A la mañana siguiente conversó con la chica y descubrió una historia muy distinta a la que ella había contado a los misioneros. No era cristiana ni tampoco quería serlo. Lo que quería era casarse con un hombre de otra casta. Naturalmente, sus padres no lo permitirían, de manera que ella y su novio concibieron un plan: Pappamal diría que era cristiana y se escaparía de su hogar para estar con los misioneros. La pareja esperaba que los misioneros les sacaran de la zona. Hasta aquí, su plan funcionó perfectamente. Una vez que Pappamal estuviera fuera de la zona, su novio se declararía también cristiano y entonces se casarían. Pero esta parte del plan no daría resultado si la mujer de la Biblia no estaba de acuerdo. Ésta se puso furiosa de que Pappamal y su novio hubieran, por motivos egoístas, puesto en peligro la vida y la obra de los misioneros dentro, y en los alrededores de Palayankottai. Al punto que envió un mensaje al padre de Pappamal, informándole que podía recoger a su hija hindú. Éste respondió diciendo que ya no quería volver a ver a su hija. Pero la mujer de la Biblia no estaba dispuesta a rendirse. Acompañó a Pappamal hasta Palayankottai y la dejó a la puerta de su casa.

No obstante, el retorno de Pappamal no solucionó el asunto. Los padres de Pappamal denunciaron a los misioneros, alegando que, por ser Pappamal menor de dieciséis años, habían «seducido» a una menor. La propia Pappamal denunció a los misioneros simulando que la habían secuestrado y retenido en contra de su voluntad. Toda aquella confusión tardó más de un año en resolverse y mucho tiempo en el juzgado para aclararse. Algunos hindúes nunca perdonaron a los misioneros la supuesta «seducción» y «secuestro», y apartaron a sus hijos lejos de la influencia de los cristianos.

Amy analizó la evolución de los acontecimientos. Se asombró de cuán fácilmente ella y muchos otros misioneros habían sido engañados. *¿Cómo pudo ser?* Se preguntaba una y otra vez. Meditando en ello, algo interior le dijo que aquel no sería el último embuste que sufriría. Resolvió que, en lo sucesivo, sería mejor mantenerse alerta y con los ojos bien abiertos.

Capítulo 11

El grupo estelar

Amy sintió desánimo. Descubrió que Saral, su amiga y ayudante por más de un año, no regresaría con ella. Saral acompañó a Amy cuando salieron de Bangalore y se fueron a vivir con los Walker. Era una cristiana maravillosa. Juntas habían puesto las bases para fundar un grupo de mujeres que Amy quería organizar con el propósito de compartir el mensaje del evangelio en las ciudades y aldeas de alrededor. Pero eso fue antes que Saral dijera a Amy que necesitaba visitar a su anciana madre. Después de ausentarse por un mes, envió noticias de que volvería en una semana, y después en otra, y en otra. Las semanas pasaron y Amy adivinó que Saral no regresaría nunca. Se veía obligada a buscar una sustituta. Pero, ¿dónde iba a encontrar otra mujer que estuviese libre y dispuesta a viajar con ella por todos los campos limítrofes para compartir el evangelio?

En la India, la mayoría de las niñas se casaban antes de cumplir los dieciséis años. Muchas se casaban bastante antes. Ningún marido indio concedería permiso a su esposa para viajar y predicar el mensaje del evangelio. Muchos hindúes y musulmanes ni siquiera daban permiso a su mujer para salir de casa, mucho menos para salir de la aldea. Los hombres ejercían un control absoluto sobre sus mujeres. Así pues, ¿dónde iba Amy a encontrar un grupo de mujeres maduras que tuvieran el coraje de desafiar las costumbres y viajaran con ella? Dudaba incluso de que existieran tales mujeres. No obstante, se prometió a sí misma orar por el asunto. Escribió a sus amigos de Inglaterra e Irlanda para pedirles que oraran también.

Por esa época Amy concluyó su formación básica en la lengua tamil con Iyer Walker. Deseaba salir por las cercanías de Pannaivilai y usar su competencia lingüística para hablar con la gente y conocerla mejor. Recordó que vestir kimono en Japón le había ayudado a mezclarse con la gente y a sentirse cómoda al hablar, así que decidió vestir sari para andar por Pannaivilai. El sari es el vestido tradicional de la mujer india. Sin embargo, había una gran diferencia entre Japón y la India. La India era una colonia británica; Japón no. Los ingleses residentes en la India debían mostrar en todo lo que hacían que su cultura era superior a la local. Esto no sólo significaba cuidarse de sujetar una taza de té con el dedo meñique saliente, sino también, vestir

ropa que estuviera de moda en *la madre patria,*
como se solía aludir a Inglaterra. El que un inglés
hiciera algo a la usanza india era considerado como traición al grupo. Amy optó por hacer las cosas
según la costumbre india y pronto tuvo que hacer
frente a una oleada de críticas de sus paisanos. El
único que le ofreció apoyo fue Iyer Walker. Él se
daba cuenta de las ventajas que obtendría Amy si
vestía el sari. Nadie más la entendía. Cuando Amy
comenzó a ponerse el sari pasó a ser objeto de críticas y murmuraciónes, incluso de parte de otros
cristianos.

Los saris se ofrecían en todos los colores del ar-
co iris. Las mujeres ricas poseían a veces cien o
más, todos ellos confeccionados con seda ricamen-
te bordada. Pero las mujeres pobres sólo poseían
dos o tres saris sencillos, de algodón. Las más pobres, normalmente, no tenían sino un sari blanco,
sencillo. Aunque a ella le encantaban los colores
brillantes y la seda bordada, Amy escogió un sari
sencillo y blanco, de algodón. Cuando se envolvió
en los casi dos metros cuadrados de tejido de algodón por primera vez, pidió a Dios que le abriera las
puertas para hablar con las mujeres hindúes.

Hubo una mujer a la que Amy se sintió especialmente atraída. Se llamaba Ponnammal. Era una
mujer muy atractiva, viuda, de veintitrés años. Su
suegro era diácono en la iglesia de la localidad, pero al igual que muchos cristianos indios de aquel
tiempo, aún practicaba muchas tradiciones hindúes
como la tenencia de sus ídolos y la observancia de
casta. Pero su peor práctica hindú, en opinión de

Amy, era la forma en que trataba a Ponnammal.
Cuando una mujer india se casaba, pasaba a ser
propiedad del marido, y si éste fallecía, ella no volvía a sus padres sino que pasaba a ser propiedad
de su suegro. El suegro de Ponnammal sacaba buen
provecho de su nuera en la casa. Era básicamente
su criada, la que limpiaba la casa, preparaba las
comidas y transportaba el agua. Nunca se le permitía visitar amigas ni parientes, pero podía asistir a
la iglesia los domingos. En la iglesia, Ponnammal y
la señora Walker se hicieron amigas. La señora Walker notó que Ponnammal tenía muchos talentos no
aprovechados, por lo que pidió a su marido que ejer-
ciera presión sobre el suegro de Ponnammal para
que le permitiera enseñar en la escuela dominical.

A Ponnammal le encantaba participar en la escuela dominical. Era una maestra innata, con una
sólida fe en Dios. A Amy le entusiasmaba ver que
una mujer india ocupara un puesto de responsabilidad en la iglesia. Buscó una forma para que Ponnammal colaborara más estrechamente con ella.
Mencionó esta posibilidad a Ponnammal y ésta le
respondió que le encantaría comprometerse más,
pero que no había forma alguna de que su suegro
lo aceptase.

Amy habló con el pastor de la iglesia y con Iyer
Walker acerca de la posibilidad de colaborar con
Ponnammal, y después de persuadirles, el suegro
de Ponnammal sintió vergüenza y le concedió el
permiso. En seguida cambió de idea, pero ¡ya era
tarde! Tan pronto como Ponnammal se enteró de
que su suegro le había dado permiso para trabajar

con Amy, se fue con ella y no quiso volver a la casa. Su suegro se enfadó mucho con Amy. La llamó «señorita *musal*». *Musal* significa liebre. El suegro de Ponnammal llamó *liebre* a Amy porque ésta se apresuró a sacar a Ponnammal de la casa. Pero le gustara o no, había concedido el permiso a Ponnammal delante de testigos y legalmente no podía retenerla. No obstante, Amy estaba un poco nerviosa. Sabía que había conseguido una ayudante magnífica, pero también se había granjeado un enemigo en la persona de su suegro. Ignoraba cómo o cuándo, pero estaba segura de que él intentaría recuperar a Ponnammal.

Poco después de la llegada de Ponnammal, otra mujer india se incorporó al grupo. Se llamaba Sellamutthu. Su familia se alegró de deshacerse de ella. Sellamutthu era inútil para ellos por una sencilla razón: sólo tenía un brazo. Había perdido el brazo derecho en un accidente cuando era pequeña, y carecía de valor para su familia. Una mujer con un solo brazo nunca podría encontrar marido en esta cultura. ¿Quién iba a querer una esposa que no pudiera triturar maíz, tejer algodón o sostener a un bebé? Por lo cual, la familia de Sellamutthu la ocultó en un cuarto sucio de la parte trasera de la casa. Sellamutthu oyó hablar de Amy y del grupo de cristianos y pidió que se le diera libertad para unírseles. Su familia la dejó marcharse de buena gana, aunque estaban seguros de que al poco tiempo regresaría arrastrándose. Después de todo, ¿de qué serviría una trabajadora que carecía de una sola mano a una mujer inglesa? Para sorpresa de

los padres de Sellamutthu, Amy la recibió encantada. Emplearía a cualquier mujer que Dios pusiera
en su camino. No importaba lo más mínimo que sólo
tuviera un brazo.

Poco después otra mujer, Marial, habló con Amy
para incorporarse al grupo. Le dijo a Amy que Dios
la había llamado a predicar el mensaje del evangelio. Tan sólo había un problema: estaba casada. En
un principio Amy no quería mujeres casadas en el
grupo; sería demasiado difícil. Pero se entrevistó
con el marido de Marial y se llevó una grata sorpresa. Aunque él no quería predicar, aceptó que
Marial sí lo hiciera, y él estaba dispuesto a darle la
ocasión de hacerlo. Esta era una actitud muy rara
para un hombre indio. Amy pensó que podía tratar-
se de otra especie de truco. Pero al orar acerca del
asunto sintió paz en su corazón. Invitó a Marial a
unirse al grupo. El marido de Marial las acompañó
como cocinero.

Por fin Amy conformó un pequeño grupo de
mujeres indias dispuestas a abandonar sus tradiciones culturales y a predicar el mensaje del evangelio. Era cuestión de ponerle un nombre a este
grupo. Amy consultó a todas las mujeres y decidieron llamarlo «Grupo Estelar». Este nombre le hizo
reír, pero serviría. Además, la Biblia asegura que
los que enseñan justicia a la multitud resplandece-
rán como el resplandor del firmamento (Daniel
12:3). Amy y el Grupo Estelar oraron para que su
esfuerzo atrajera gente a la justicia en el distrito de
Tirunelveli, territorio que albergaba a cuatro mil
templos hindúes.

En la Navidad de 1897 el Grupo Estelar comenzó a trabajar en las aldeas circundantes. Viajaban en un carro desvencijado, sin amortiguadores, arrastrado por dos bueyes. El carro tenía un toldo tejido de mimbres, pero carecía de flancos laterales. Era, incluso, más fastidioso que el típico cochecito oriental arrastrado por un individuo. Era también una forma muy agotadora de viajar, especialmente durante las horas de calor. Hubiera sido mucho más cómodo viajar durante el fresco clima nocturno, pero ellas no se atrevieron. Las mujeres indias, incluso las ataviadas con saris sencillos, tendían a usar bastantes joyas. Llevaban anillos en la nariz, pendientes, brazaletes y tobilleras, todos de oro. Las joyas son un signo de riqueza y posición social de la familia. A ninguna mujer tamil se le ocurriría salir sin adornarse con todas sus joyas. Naturalmente, esto hacía que las mujeres fueran blanco fácil para los ladrones. Por lo que a joyas se refiere, las mujeres del grupo de Amy no se diferenciaban de otras mujeres tamiles. Si hubieran viajado de noche habrían sido presa fácil en robos y emboscadas. Siempre había ladrones merodeando por los caminos, acechando para tender emboscadas sobre las personas no precavidas.

La mayor parte de las ciudades y pueblos de la región estaban rodeados de murallas. Después del insufrible trayecto, el Grupo Estelar buscaba un lugar idóneo, fuera de la muralla, para levantar sus tiendas portátiles. Un lugar sombreado, junto a un arroyo, era siempre preferible. Desde allí ellas se acercaban a los poblados, más o menos de la misma forma. Justamente después del amanecer atravesaban las puertas de la muralla y se dirigían al mercado. Allí se dividían en parejas y se sentaban en un lugar tranquilo, normalmente bajo un árbol, o al pie de una terraza. Entonces era cuestión de orar y esperar. A menudo una mujer o un grupo de mujeres se acercaba y les hacían preguntas. A mediodía, el Grupo Estelar regresaba al campamento para comer y hacer un estudio bíblico. A continuación pasaban tiempo orando por las personas con quienes habían hablado durante la mañana. Luego regresaban a la población a evangelizar el resto de la tarde. Las mujeres celebraban reuniones al aire libre, cantaban y predicaban en las calles. Usaban una pequeña pianola que llevaban consigo para acompañar el canto. Como de costumbre, sólo algunas mujeres y unos pocos niños se detenían a escucharlas. Los hombres no se interesaban para nada en las cosas que mujeres ignorantes tuvieran que decir.

Hacía calor y este era un trabajo difícil, pero las mujeres no se quejaban. Se alegraban de hacer algo útil para Dios. A Amy le gustaba que Iyer Walker les acompañara. Él había fundado un grupo similar de hombres. A veces los dos grupos se juntaban y viajaban en compañía a las aldeas.

El Grupo Estelar nunca sabía qué le esperaba cuando llegaban a una población. Una vez Amy tuvo una disputa con una mujer de casta alta. Mientras conversaban, tocó el brazo de la mujer. Ella se puso histérica. Amy se dio cuenta al instante de lo que había hecho. No era tolerado para una persona de casta inferior, o sin casta, tocar a alguien de una casta superior. De nada serviría pedir disculpas; eso no ayudaría. Se había perdido la oportunidad de compartir el evangelio con aquella mujer.

En otra ocasión, una viuda cuyo nombre era Blessing, viajó con el Grupo Estelar. Blessing era una nueva convertida a quien Amy estaba enseñando la fe cristiana. Blessing y Amy se encontraron con otra mujer que se detuvo a hablar con ellas. Mientras conversaban, Amy quedó fascinada del conocimiento que esta mujer tenía de la literatura clásica. Era obvio que la mujer había recibido una buena educación, algo bastante raro entre las mujeres indias de aquella época. Puesto que era cristiana, Blessing se tomó la libertad de intervenir, aunque por su forma de hablar era fácil adivinar que pertenecía a una casta inferior. Bajo el sistema de castas no se habría atrevido a hablar con esta mujer. Desgraciadamente la mujer se molestó mucho de que una campesina de casta inferior se hubiera dirigido a ella. Comenzó a insultar a Blessing, quien esbozó una sonrisa. Cuando la mujer terminó de despotricar, Blessing la miró a los ojos y le dijo: «Soy cristiana. Sólo llevo un mes en la fe y lo que usted dice es verdad. No sé mucho. Pero en mi corazón tengo la paz y el gozo de Dios. Y acaso, ¿no es mejor el gozo que todo el conocimiento del mundo?» La mujer se envolvió en el sari, echó a Amy una mirada fulminante y se marchó. Luego Amy preguntó a Blessing por qué aquella mujer tenía una educación tan refinada. La respuesta de Blessing afectó a Amy para el resto de su vida. Dijo que la mujer era una prostituta del templo que había sido entregada a los sacerdotes hindúes cuando era muy niña. Los sacerdotes la habrían educado a cambio de los servicios prestados. Además, Blessing no conocía ni a una sola prostituta que se hubiera convertido al cristianismo. Es más, sólo a las prostitutas mayores, como aquella mujer con quien acababan de hablar, les era permitído salir del templo. Las niñas y las adolescentes eran retenidas como verdaderas prisioneras hasta que no recordaran otra vida excepto la de ser prostitutas del templo.

Amy se desanimó al oír lo que le contó Blessing, pero afortunadamente había otras cosas que le infundían ánimo como el trabajo con el Grupo Estelar. Las mujeres se estaban volviendo auténticas misioneras. Era normal pagar a los obreros —incluidos los cristianos—, un jornal diario, o *batta*. Después de que todas llegaron a casa después de su primer viaje misionero, Amy entregó a las mujeres su *batta*.

Una hora después todas entraron al comedor en donde Amy se había sentado a escribir una carta. Una tras otra pusieron su *batta* en la mesa. Ponnammal tomó la palabra: «No necesitamos este dinero. Podemos vivir sin él. Preferimos que sea gastado en la obra misionera». Las lágrimas inundaron los ojos de Amy. Ella recordó la reunión del personal en Bangalore, cuando ningún misionero había sido capaz de nombrar a un solo cristiano nativo que trabajara con los misioneros sin recibir salario alguno. Pero Dios había concedido a Amy un Grupo Estelar, compuesto por mujeres deseosas de trabajar gratuitamente por causa de su devoción a Dios.

Varias semanas después ocurrió otra cosa estimulante. El marido de Marial, cocinero del grupo, iba caminando junto al carro típico, camino a casa, después de haber pasado varios días en una aldea situada más al sur. Normalmente no hablaba mucho, por lo que resultaba difícil saber lo que pensaba. Pero mientras el grupo atravesaba unos campos de arroz, se volvió a Marial y le dijo: «Es hora de que te quites las joyas. Llevar joyas no es apropiado para vivir como vivimos, siguiendo al Señor Jesús». Allí mismo Marial se despojó del anillo en la nariz, brazaletes y anillos en los dedos de los pies y se los entregó a su marido. Ella no mostró ni una pizca de tristeza cuando se desprendió de sus joyas.

Ponnammal y Sellamutthu se quedaron boquiabiertas. ¿Cómo podía Marial desprenderse de sus joyas? La gente pensaría que era una de las más pobres entre los pobres, una intocable. ¡Qué insulto más grave para la familia de su marido!, y no obstante, fue su propio marido quien le pidió que se las quitara. El resto del camino a casa, Ponnammal y Sellamutthu permanecieron en silencio. Cuando llegaron a Pannaivilai, hablaron con Amy: «Marial se ha despojado de sus joyas» —dijo Ponnammal. Amy asintió; la había visto hacerlo. «Nosotras vamos a desprendernos también de nuestras joyas» —prosiguió Ponnammal. «Si yo hubiera amado más a Jesús, habría amado menos a mis joyas».

Una vez dicho esto se inclinó y se quitó los brazaletes de los tobillos. Sellamutthu hizo lo mismo, y en un instante ambas se presentaron delante de Amy sin ninguna joya. Amy les dedicó una sonrisa. Hizo falta mucho coraje para confrontar una tradición de generaciones. Sin embargo, estuvieron dispuestas a hacerlo por causa de su amor a Dios.

Por supuesto, no todos los cristianos lo interpretaron así. Cuando el suegro de Ponnammal se enteró de lo que ésta había hecho, montó en cólera. ¿Cómo podía despojarse de sus joyas y aparentar ser como una cualquiera? Instigó toda la ira y el odio que pudo en la iglesia. Creyó ver una oportunidad de deshacerse del Grupo Estelar y de recuperar a su nuera. Pero aunque se esforzó por crear problemas, el pastor de la iglesia no dijo nada en perjuicio de Amy ni del Grupo Estelar. Al contrario, manifestó a Amy que, por primera vez, muchos miembros de su congregación estaban por fin empezando a entender lo que significaba ser cristiano y seguir a Cristo.

Capítulo 12

Quiero permanecer en la luz

Lago Grande era una población cercana a Pannaivilai. La misión cristiana tenía allí una escuela en la que se educaban los niños y algunas niñas de la localidad. Ningún padre de familia era cristiano, lo cual perduró por sesenta años. Los vecinos sabían que la escuela estaba dirigida por cristianos, pero no se preocupaban lo más mínimo de que sus hijos fueran influenciados por el cristianismo. Incluso el niño más pequeño sabía discernir lo que suponía un quebranto de casta. Así fue hasta el año de 1895, el mismo en que Amy llegó a la India. La esposa del director le regaló una Biblia a una de las niñas de la escuela, que tendría trece años por aquel entonces. Ella la leía y se hizo cristiana en secreto. No se lo dijo a nadie, pero continuó practicando las costumbres hindúes de la familia. Llegó incluso a permitir que su hermano le untara las cenizas de Siva en la frente, todas las mañanas. Cenizas que señalaban a los hindúes devotos para exhibir su devoción a sus dioses.

Tres años después la niña acabó sus estudios de escuela primaria y se quedó en casa, como es normal según la cultura india. Es más, no salió fuera de casa ni una sola vez en dos años. Pero, como pasaba sola muchas horas, haciendo los oficios del hogar, tenía tiempo para meditar en lo que había leído en la Biblia.

Poco a poco se dio cuenta de que no quería seguir siendo cristiana en secreto, sino manifestarse libremente. Quiso orar con otros creyentes, asistir a los estudios bíblicos y compartir su fe con su familia. También era consciente de que confesar su fe en Cristo podía costarle la vida. Pese a esa posibilidad, no pudo soportar más vivir su fe en secreto. Oyó a su padre y a su hermano hablar del Grupo Estelar, y aunque aludieran al grupo en términos despectivos, se sintió extrañamente atraída a él.

Una noche, cuando todos se hallaban dormidos, la muchacha se despertó. Un escalofrío le recorrió la espina dorsal. Intuía que tenía que escapar. Tenía que llegar hasta el Grupo Estelar. Pero, ¿qué ocurriría si era descubierta? Sería una deshonra para su familia, y con seguridad, apaleada, quizás incluso lanzada al fondo de un pozo, al amanecer. Pero su deseo de escapar era demasiado intenso como para preocuparse de las terribles consecuencias. Lenta y sigilosamente pasó por encima de su madre dormida y alcanzó de puntillas la puerta.

Giró la manilla y la abrió. Por primera vez en dos
años respiró el aire fresco del jardín. Se refugió en
la penumbra, y con el oído atento a cada ruido salió del pueblo por el camino principal, y cruzó el
puente hacia Pannaivilai. Una vez allí no supo a
dónde dirigirse. Anduvo a hurtadillas por Pannaivilai hasta llegar a una casa grande de dos plantas,
con una terraza. Una pancarta encima de la puerta
le anunció que había llegado al hogar de los cristianos. De repente, en vez de guardar el mayor silencio, hizo ruido, el mayor ruido posible. Llamó a la
puerta y gritó: «¡Refugio, refugio!». Amy soñolienta
abrió la puerta y la dejó entrar.

Esa mañana se produjo un gran alboroto en el
pueblo de Lago Grande. El padre de la muchacha
descubrió que su hija había desaparecido. El suceso era una desgracia, pero saber que había acudido a los cristianos en busca de refugio era mucho
peor, un insulto para toda la casta de los herreros,
a la cual pertenecía su familia. Su padre prefería
verla muerta antes que quebrantar las tradiciones
de la casta y dejarla vivir con los cristianos. Organizó una campaña para recuperarla. Pero la muchacha, a quien Amy llamó *Joya de Victoria*, se sostuvo
firme. Acudió al guardián de la localidad y prestó
declaración juramentada de que tenía dieciséis años
y estaba viviendo con el Grupo Estelar por decisión
propia. Una vez hecho esto no había nada que el
padre pudiera hacer —esto es, legalmente—. Desgraciadamente había muchas otras cosas que él
y otros hombres del pueblo podían hacer e hicieron. En primer lugar quemaron la escuela. Esto

significaba que ningún otro niño del pueblo podía recibir educación, lo cual no le importó a su padre. Para él lo más importante era que el acto abominable que su hija había cometido no volviera a repetirse. Luego quemaron la casa del director de la escuela y obligaron a los maestros a marcharse de Lago Grande.

Joya de Victoria estuvo bien resguardada por el Grupo Estelar, pero muchas personas pagaron el precio de su conversión al cristianismo. Y el Grupo Estelar ya no sería bien recibido en Lago Grande, eso, desde luego. Hasta cuando el revuelo se tranquilizara, el Grupo Estelar decidió trabajar en las aldeas del norte de Pannaivilai. Pero allí también sufrieron nuevos contratiempos.

Se hallaban predicando en las calles de una aldea cuyo nombre era *Rey sin Corona,* cuando una niña de once años llamada Arulai se les acercó. Arulai había ido a conseguir agua para su familia a la misma hora que las mujeres celebraban su reunión en la plaza, y se detuvo a escuchar lo que estaban hablando. Arulai tenía mal genio, el cual había tratado de dominar sin demasiado éxito. Al escuchar a las mujeres del Grupo Estelar se fijó detenidamente en Amy. Había algo en la mujer inglesa, vestida con su sencillo sari blanco, que la cautivaba. Cuando finalizó la reunión, Arulai oyó decir a una de las mujeres del Grupo Estelar: «*Yo era un león y Dios me transformó en un cordero*».

Mientras llevaba el cántaro a su casa Arulai pensó en lo que había oído. *Un león transformado en cordero,* repitió una y otra vez para sí. No había nada más salvaje y difícil de controlar que un león, ni nada más amable y dulce que un cordero. Si Dios podía transformar un león en un cordero, entonces, quizás, tal vez, podría dominar su genio. Los días fueron pasando y Arulai se fue convenciendo de que él podría hacerlo. Por fin, un día anunció a sus padres que quería irse a vivir con la mujer inglesa con sari blanco de algodón. Su familia estaba segura de que Amy había esparcido algún polvo mágico sobre su hija para que deseara abandonar la casa. Amy se estaba ganando rápidamente en la región una reputación de «Amma arrebata niños». (*Amma* en tamil significa madre).

Arulai siguió repitiendo lo de irse a vivir con Amy, hasta que toda la familia se fastidió y la enviaron a otro pueblo para una larga visita en casa de su tío. Ese fue un gran error. La familia de Arulai no cayó en la cuenta de que su tío vivía en una aldea próxima a Pannaivilai, y que Arulai sólo tenía que salvar una corta distancia para visitar a Amy. Y eso fue exactamente lo que hizo. La visitó tantas veces que, al final, su tío le permitió también asistir a los estudios bíblicos. A medida que Arulai fue aprendiendo más y más acerca del Dios cristiano, se convenció de que este era el Dios verdadero y se convirtió a él. Comenzó a confesar audazmente su creciente fe. Por supuesto, esto molestó mucho a su familia, que pronto la arrebató de la casa de su tío.

Los meses pasaron y Amy no volvió a recibir noticias de su amiga Arulai. Oraba por ella todas las mañanas y esperaba que pudiera encontrar una forma de regresar algún día. Mientras tanto, nuevos problemas surgieron para el Grupo Estelar.

Los niños y niñas, al parecer, eran los que más atracción sentían por Amy y su mensaje. Desgraciadamente, a veces sucedían cosas terribles a las criaturas cuyos padres pensaban que habían estado escuchando demasiado tiempo a la seductora *ladrona de niños*. Una niña fue drogada por su familia cuando empezó a cuestionar las costumbres hindúes. Su cerebro sufrió daños irreversibles y nunca se recuperó totalmente. Otros niños recibían palizas o eran azotados, o se les aplicaba pimientos picantes molidos en los ojos. Arul Dasan, quien resultó ser primo de Arulai, fue atado a un pilar de su casa por muchos días, con la esperanza de que perdiera interés en el cristianismo. Cada vez que Amy oía una de estas historias pensaba en Arulai y oraba con mayor fervor para que Dios le permitiera visitarla.

Por fin, en noviembre, ocho meses después de ser avistada por el Grupo Estelar, Arulai reapareció. Se detuvo ante los peldaños de la casa, una mañana. Amy se apresuró a recibirla. Fue un encuentro muy hermoso, excepto por una razón: Arulai estaba enferma y se sentía cada vez peor. Amy la ayudó a entrar y la acostó en un sofá. Arulai no sabía lo que le pasaba; tan sólo sabía que se sentía muy débil y que tenía un fuerte dolor de cabeza. Amy la metió en su cama y permaneció a su lado día y noche. A veces oraba por un milagro, pues estaba segura de que únicamente un milagro podría salvarle la vida.

Mientras Arulai yacía en la cama de Amy, casi en estado de coma, sucedió algo muy extraño. Su padre llegó para llevársela a casa, pero vio que estaba muy grave y que no se podía mover. Entonces, volvió cada día para ver si su hija mejoraba, con la intención de llevársela. En aquellas visitas empezó a observar cómo Amy cuidaba a su hija. Le costaba admitirlo, pero Arulai recibía aquí más cariño y atención que en su propia casa. Poco a poco su determinación de obligar a Arulai a volver a casa comenzó a desvanecerse. Arulai fue recobrando fuerzas pacientemente. A veces Amy escuchaba sus oraciones: «Dios, por favor, no me dejes volver a la oscuridad. Aquí vivo en la luz. Déjame quedarme en la luz».

Cuando Arulai se sintió completamente restablecida su padre había dejado de exigir que su hija de doce años volviera a casa y se le permitió quedarse con el Grupo Estelar en Pannaivilai.

Amy hacía siempre dos o tres cosas a la vez. Mientras cuidaba de Arulai escribía un manuscrito. Cinco años después de que partiera para la India, la Convención de Keswick aún la apoyaba económicamente. Gracias al interés suscitado por la publicación del libro *Desde la tierra del sol naciente* —recopilación de sus cartas en el Japón—, la Convención de Keswick pidió a Amy que escribiera un libro acerca de la India. Hicieron falta muchos meses para escribirlo y corregirlo, pero a la postre, Amy se sintió contenta con el resultado. Entonces se planteó qué título podría dar al manuscrito. Amy no quería que este sonara demasiado

grandioso o florido. Buscaba algo sencillo que pusiera el dedo en la llaga. Por fin, escogió este: *Las
cosas como son*. El título expresaba perfectamente
el carácter de Amy. El libro no trataba de cómo le
hubiera gustado que fuesen las cosas en la India, o
de cómo se imaginaran en Inglaterra que podían
ser. No. Reflejaba las cosas tal como eran.

Amy envió el manuscrito al comité de Keswick,
en Inglaterra. Lo recuperó mucho antes de lo esperado. Contenía una nota agradeciéndole el esfuerzo
realizado, pero sugiriéndole que introdujera algunos cambios. Creían que su manuscrito era un
poco deprimente para leer. Tal vez —sugería el edi-
tor— necesitara un toque más leve, con anécdotas
más alegres y menos historias de niños y mujeres
en circunstancias irremediables. Una vez más Amy
tuvo que resistir el deseo de los cristianos de Inglaterra: leer historias con un final feliz, protagoniza-
das por misioneros felices. Sacudió la cabeza. Si
tan sólo el comité hubiera pasado unos cuantos
días con ella, se habrían enterado pronto que por
cada Arulai, había mil niñas prostitutas en el templo o esclavas en los hogares. Sus vidas no conocían un final feliz, ni Amy pretendía que así fuese.
Escondió el manuscrito en el cajón inferior de su
escritorio.

Otras cartas llegaron procedentes de Inglaterra,
también inquietantes. Los hijos de Robert Wilson le
escribían carta tras carta pidiendo a Amy que regresara al Broughton Grange. Su padre preguntaba por ella todos los días; se iba debilitando; había
sufrido otro ataque al corazón. Pero Amy no podía

regresar a Inglaterra, y menos ahora que tenía que cuidar de Arulai. Ella sabía que Dios la había llamado a la India, y no abandonaría el país a menos que estuviese segura de que él era quien la llamaba a otra parte. No obstante sentía nostalgia. Anhelaba recibir alguna visita de Inglaterra. Deseaba mostrarles cómo eran las cosas en realidad y ansiaba recibir noticias de primera mano del estado de salud de Robert Wilson.

Su deseo fue cumplido hacia finales de 1900. Dos de sus amigas más íntimas en Manchester, Ella Crossley y Mary Hatch, le anunciaron que habían adquirido el pasaje y que se disponían a iniciar un viaje para visitarla. Amy se alegró mucho ante la posibilidad de volverlas a ver. Naturalmente, lo primero que quiso saber fue si habían visto a Robert Wilson antes de partir y cómo estaba su salud.

Ella y Mary lo visitaron antes de zarpar; es más, llevaron a Amy una carta que Robert Wilson les había dictado personalmente. Amy rasgó el sobre y leyó la misiva. Una frase captó poderosamente toda su atención: «Espero que no permitas que mi enfermedad haga cambiar tus planes». Amy sintió agradecimiento por la confirmación de que ella estaba haciendo lo correcto al decidir quedarse en la India.

Ella y Mary querían experimentar todo lo que Amy les había descrito en sus cartas. Estaban deseosas de subirse al carro típico y viajar por la campiña con el Grupo Estelar. Amy les contó la historia de *Joya de Victoria* y de Arulai, quienes ahora formaban parte del grupo. Las dos mujeres contemplaron un rostro de la India que muy pocas inglesas habían podido ver.

Un día las tres mujeres entraron en una casa y un niño lloraba en una hamaca. Amy le tomó en sus brazos y le sujetó firmemente. Supuso que tendría unos tres años. Le restregó los ojos rojizos, casi cerrados a causa de la hinchazón.

—¿Cuánto tiempo lleva así? —preguntó Amy a su madre.

—Unos tres meses —replicó la madre—, pero ya no llora tanto como antes.

—¿Qué ha dicho el médico? —Preguntó Amy en el idioma tamil, al mismo tiempo que traducía la conversación al inglés para Ella y Mary.

La madre bajó la mirada. —No le hemos llevado al médico —dijo titubiante—, y añadió: Eso sería incurrir en un quebrantamiento de casta.

Amy abrazó al niño y lo estrechó contra sí. ¿Acaso no se podía hacer una excepción? El niño corría gran riesgo de quedarse ciego, y hasta de morir. ¿Cómo podía ser contrario a una casta recibir los cuidados médicos? Rogó y suplicó a la madre que le dejara llevar al niño al hospital más cercano. Pero la madre no estuvo dispuesta a ceder. Nada le interesaba más que preservar su casta, ni siquiera la probable muerte de su propio hijo. Mantener la casta era para ella más importante que preservarle la vida al pequeño. Ella y Mary salieron de la choza con lágrimas en las mejillas. Aunque habían leído las cartas que les enviaba Amy desde hacía años, la realidad de experimentar de primera mano lo que se les había descrito fue casi insoportable.

Pidieron a Amy que escribiera un libro acerca de las condiciones de vida en la India, para que los cristianos de Inglaterra y de otros países supieran cómo orar por ella y por sus colaboradoras. Amy se encogió de hombros. En las semanas que siguieron le volvieron a hacer la misma petición una y otra vez. Por último Amy abrió el cajón inferior de su escritorio y sacó el manuscrito de *Las cosas como son*. Se lo entregó a sus amigas y ambas lo leyeron en voz alta, por turnos. Cuando lo terminaron de leer tuvieron la certeza de que este libro debía ser publicado. Los cristianos de Inglaterra necesitaban saber la verdad acerca de la India, país al que se calificaba de *joya de la corona*.

Luego Amy les mostró la carta del comité de Keswick acerca del manuscrito. Ella y Mary negaron con la cabeza en señal de incredulidad. Si tan sólo el comité viera lo que ellas habían visto, lo entenderían. *Las cosas como son* era ciertamente un reflejo de la vida en la India y del trabajo que allí realizaba Amy. Finalmente las dos mujeres persuadieron a su amiga para que les dejara llevarse el manuscrito a Inglaterra. Debieron ser dos mujeres tenaces porque, poco después de su regreso a la metrópoli se publicó el libro *Las cosas como son*, incluyendo algunas fotos que Ella tomara durante su visita.

Mientras tanto, en la India, Amy y sus compañeras del Grupo Estelar se hallaban más ocupadas que nunca trasladándose de una población a otra y predicando el mensaje del evangelio de Jesucristo.

Capítulo 13

Amma, ladrona
de niños

Iyer Walker, Amy, y el Grupo Estelar, trabajaron en Dohnavur y sus alrededores durante casi un año. Fueron con la intención de pasar sólo tres meses en la zona mientras Iyer Walker daba clases a un pequeño grupo de estudiantes de la Biblia, pero los tres meses se alargaron más de lo previsto. Había mucho que hacer. Dohnavur era una aldea arruinada, ubicada en el centro de un área densamente poblada. Desde allí el Grupo Estelar se desplegó por la comarca, predicó el mensaje del evangelio y experimentó las acostumbradas reacciones de la gente. Pero después de un año de ausencia llegó el momento de regresar al hogar en Pannaivilai.

En el viaje de regreso tuvieron que pasar por Lago Grande, de donde Joya de Victoria se había escapado. En la madrugada del 6 de marzo de

1902, mucho antes del amanecer, cubrieron la etapa final. (Pudieron viajar de noche porque se había extendido el rumor de que las mujeres del Grupo Estelar no llevaban joyas y, por tanto, no merecía la pena asaltarlas.) El carro avanzó lentamente y franqueó las puertas de Lago Grande. Gracias a Dios, la oscuridad protegió a la comitiva de los dormidos habitantes del pueblo. Pero el Grupo Estelar y los vecinos del lugar ignoraban quién se ocultaba en las tinieblas de Lago Grande.

Preena era una niña de siete años que vivía en el templo hindú de Lago Grande. Fue entregada para ser dedicada a la prostitución. El padre de Preena murió y su madre la ofreció al templo para ganarse el favor de los dioses hindúes. Una vez, cuando Preena tenía cinco años —poco después de llegar al templo—, se escapó y recorrió el camino a casa, a unos treinta kilómetros de distancia. Estaba segura de que su madre se alegraría de verla. Pero se equivocó. Recibir a Preena en casa hubiera sido como robarla a los dioses hindúes, de manera que cuando unas mujeres del templo fueron a buscarla, la madre les entregó voluntariamente a su desconsolada hija. Cuando finalmente llegaron al templo le quemaron las manos con hierros candentes para recordarle que nunca debía intentar huir.

Dos años transcurrieron desde aquel incidente. Entonces Preena descubrió algo que le aterrorizó. Estaba a punto de ser dada en «matrimonio» a los dioses mediante una ceremonia diabólica. Desconocía exactamente lo que aquello significaba, pero la sola idea la llenó de temor. No había manera de escapar; era vigilada todo el día y encerrada por la noche. Desesperada, se arrojó delante de un ídolo y le suplicó la muerte. No murió, pero al día siguiente, una de las mujeres más veteranas del templo le habló de Amma, la ladrona de niños. Para demostrarle cuán segura estaba dentro del templo y cuán agradecida debía sentirse de vivir allí, la mujer le contó a Preena historias aterradoras de *Amma* y su equipo de seguidoras. ¡Pero las historias produjeron en ella el efecto contrario! Empezó a creer que existía una *Amma* que la sacaría de allí y la ocultaría. ¡Qué maravilloso sería si pudiera encontrar a esa ladrona de niños! Preena estaba dispuesta a correr grandes riesgos con ella y su equipo antes que quedarse en el templo y casarse con un dios.

Y así, la misma noche en que el Grupo Estelar pasaba a escondidas por Lago Grande, Preena se despertó en forma extraña. Se sentó sobre su colchoneta percibiendo que algo iba a suceder. En silencio, se deslizó hasta la puerta. La empujó ligeramente. ¡Vaya sorpresa!, ésta se abrió. Nunca se dejaba la puerta abierta por la noche. Una sombra de duda pasó por la mente de Preena. ¿Era esto un truco para ver si aún intentaba escapar? Miró a las otras niñas dormidas en la habitación y se armó de coraje. Pisó con cuidado y salió al patio.

Una vez más se encontró la puerta inexplicablemente abierta. Miró en derredor, por si aparecía el vigilante nocturno. Como no lo vio, se arrastró fuera del recinto del templo y salió a la calle. Comenzó a correr, cada vez más deprisa. Abandonó el pueblo y se dirigió al puente que conducía a Pannaivilai. Siguió exactamente la misma ruta que había seguido Joya de Victoria cuando huyó para quedarse con Amy, cuatro años atrás. Y lo mismo que Joya de Victoria, una vez que llegó a Pannaivilai, Preena no supo a dónde ir. Jadeante, caminó de un sitio a otro hasta que dio con la iglesia cristiana del lugar.

Permaneció a oscuras delante de la iglesia y esperó pacientemente que algo sucediera. Después de un rato, algo sucedió. Aunque era muy tarde, una mujer cristiana, cuyo nombre era Sierva de Jesús, salió de la iglesia. Al ver a Preena supo inmediatamente que esta niña pertenecía al templo. Pero Sierva de Jesús no quiso cruzar el puente en la oscuridad y devolver a Preena, sino que la llevó a su casa para que pasara la noche con ella. Pensó devolverla al templo a primera hora de la mañana. Pero Preena no quiso dormir. Repitió una y otra vez a Sierva de Jesús que no quería volver al templo y que necesitaba encontrar a Amma, la ladrona de niños. La Sierva de Jesús no sabía qué hacer. Amy y el Grupo Estelar no estaban en casa; se habían ausentado por un año. Estaba claro que no iba a resultar fácil devolver a la obstinada niña al templo. Aun cuando Sierva de Jesús era cristiana, la idea de retener a Preena y no devolverla al templo hindú ni siquiera le pasó por la cabeza. Esconder a una niña que pertenecía al templo le acarrearía casi con toda seguridad la muerte.

Por la mañana, Sierva de Jesús ya estaba cansada ante la insistencia de Preena para ver a Amma. Aunque le repitió a la niña una y otra vez que Amma estaba de viaje, Preena no se lo creía. Entonces, a las 6:30 de la mañana, para probarle que allí no había nadie y que era verdad lo que le decía, Sierva de Jesús llevó a la pequeña a la casa en donde vivía el Grupo Estelar.

Para su completo asombro, un carro estaba a la puerta de la casa y Amy se encontraba en la terraza, tomando té. Preena soltó la mano de Sierva de Jesús y subió velozmente los peldaños. Se echó en el regazo de Amy y la abrazó. Era como si fueran viejas amigas. Amy no sabía lo que estaba pasando, pero sí sabía que en su regazo había una niñita que necesitaba de su amor, así que le extendió sus brazos y la estrechó. Sierva de Jesús contó a Amy todo lo que sabía de Preena, que no era mucho.

Por supuesto, las mujeres del templo pronto acudieron a reclamarla, pero si había algo que Preena sabía era que no quería volver al templo. Delante de unas cien personas que se congregaron para presenciar la confrontación entre Amy y las mujeres del templo, Preena les hizo saber valientemente que no regresaría; desde este momento pertenecía al Grupo Estelar. Después de ocasionar molestias durante muchos días, las mujeres del templo por fin se retiraron. Prometieron volver, con la madre de Preena, a recogerla, pero, por alguna razón, aquella no se presentó. Ni nadie del templo volvió a reclamar a Preena. El asunto quedó zanjado y Amy tuvo una niña de siete años para enseñar y amar.

Por aquella época ocurrió otro suceso que alegró aún más a Amy y al Grupo Estelar. Fue el bautismo de Arulai. Hacía más de dos años que Arulai había bajado el cántaro al suelo para detenerse a escuchar al Grupo Estelar que cantaba y predicaba por las calles de su pueblo. Por fin, su padre le había concedido permiso para bautizarse. Un varón hindú bastante tolerante podría permitir a una mujer de su familia leer la Biblia; podría incluso permitirle orar un poco; pero que fuera bautizada era ya otra cosa. Para un hindú, el bautismo representaba el punto de no retorno. Era el signo total, definitivo, del quebrantamiento de casta. Y, sin embargo, el padre de Arulai le dio su aprobación para bautizarse. Amy se asombró grandemente.

Después de un año de ausencia de Pannaivilai, este fue un retorno glorioso. La misma mañana en que Amy llegara, Dios guió a una niña pequeña fuera del templo, directamente a sus brazos. Y ahora iba a ser bautizada con pleno permiso de su padre. Estas eran cosas por las que Amy había estado orando durante mucho tiempo. Pero poco después, estuvieron a punto de echarse a perder.

Arul Dasan, primo de Arulai, se incorporó al equivalente masculino del Grupo Estelar que había formado Iyer Walker. Después del bautismo de Arulai, Iyer Walker tuvo una viva sensación de que ella y su primo debían de tener oportunidad de visitar a sus familias, y se dispuso a hacer los preparativos. Afortunadamente él conocía a uno de los jefes del pueblo, hombre con una autoridad considerable. El hombre era ya anciano, pero años atrás había recurrido a un inglés en busca de ayuda. Por lo cual, estaba dispuesto a ayudar a otros ingleses para mostrarles su agradecimiento por el favor que se le había dispensado. Iyer Walker se entrevistó con el anciano quien le aseguró que los niños estarían a salvo si visitaban a sus familias.

Desgraciadamente el anciano subestimó la ira de los vecinos contra los cristianos. Tan pronto como el carro que transportaba a Arulai, a su primo, y a Iyer Walker hizo acto de presencia en el pueblo, estalló un tumulto. El carro fue volcado y el arriero arrastrado y apaleado. Iyer Walker fue insultado y apedreado. En medio de tanta confusión los dos niños desaparecieron. Mientras caían las piedras sobre él, Iyer Walker oró fervorosamente. Parecía improbable que los dos hombres lograran salir del pueblo con vida sin algún tipo de ayuda, y desde luego, sin los niños.

Repentinamente se hizo un completo silencio. Las piedras cesaron de caer sobre Iyer Walker y los palos dejaron de golpear sobre el arriero. Todos los ojos se volvieron hacia un hombre que estaba debajo de una terraza cercana. Iyer Walker le reconoció: era el hijo del anciano del pueblo. Con la autoridad de su padre, éste gruñó unas órdenes en el idioma nativo y, sorprendentemente, la gente le obedeció. A muchos se les dijo que se marcharan de allí, y se largaron. Luego, otro hombre apareció sujetando por la ropa a Arulai y a su primo. En ese momento soltó a los niños y éstos corrieron hacia Iyer Walker. El joven ordenó que levantaran el carro. Iyer Walker se dio prisa para subir a los niños en la parte trasera del carro protegiéndolos. El arriero se arrastró por el suelo, ensangrentado, y se subió en la parte delantera. El joven les hizo señal de

partir. El arriero restalló el látigo; los bueyes comenzaron lentamente su marcha y salieron por la puerta
del pueblo.

Cuando llegaron a Pannaivilai, Amy se llevó una
gran sorpresa por lo sucedido. Ella pensaba que
tenían una buena relación con el padre de Arulai,
en particular, y que él se alegraría de ver a su hija.
Amy siguió comprendiendo hasta qué punto todos
los aspectos de la vida hindú estaban regidos por
las castas. En esta ocasión resultó que, cuando el
padre de Arulai le concedió permiso para ser bautizada, esto significaba que «se lavaba las manos»
por lo que pudiera suceder. Intentar que él y Arulai
se hablaran era imposible. El sólo hecho de recono-
cer que tenía una hija cristiana hubiera sido para
él un quebrantamiento de casta.

Afortunadamente la visita a sus familiares no
causó un daño permanente, y ambos niños estuvieron a salvo. Ni Amy ni Iyer Walker lo sabían por
aquel entonces, pero Arulai y Arul Dasan desempe-
ñarían papeles vitales en los asombrosos hechos
que estaban comenzando a manifestarse. Amy pre-
sintió que algo grande estaba a punto de suceder.
Pero desconocía qué podría ser.

Capítulo 14

Pies cansados

Hay un dicho en la lengua tamil que reza: «Los niños atan los pies de su madre». Significa que cuando una mujer llega a ser madre pierde la libertad que tenía de soltera. Es como si sus pies estuvieran atados y no pudiera alejarse de su hogar.

Amy no quería ser una madre con los pies atados, pero en junio de 1902, era Amma (madre) de Joya de Victoria, de otra adolescente que se llamaba Joya de Vida, de Arulai, de Preena y de otras cuatro pequeñitas que le habían sido entregadas por uno u otro motivo, mayormente por ser niñas, es decir, no apreciadas en la sociedad india. Lo asombroso era que tantas responsabilidades no frenaran las actividades de Amy. Sus pies no estaban atados. Llevaba a las ocho niñas consigo adondequiera que ella fuera. Todas se balanceaban en el carro, y gozaban desenrollando sus sacos de dormir y colocándolos en fila. Cantaban alegres canciones y leían con entusiasmo en los momentos tranquilos, entre una y otra predicación. Parecía que Amy tuviera suficiente energía para atender a las niñas y cumplir con su ministerio evangelístico.

Todo marchaba bien hasta el mes de julio, cuando Arulai volvió a enfermar gravemente en uno de sus viajes. La enfermedad comenzó con fiebre y dolores de cabeza. A Arulai se le diagnosticó fiebre tifoidea, una enfermedad asesina de niños en esa parte de la India. Amy y las otras niñas y mujeres del Grupo Estelar se dieron prisa en volver a Pannaivilai. A su llegada establecieron una vigilia permanente para cuidarla. Durante tres meses todo giró en torno a la atención que se le prestaba, con la esperanza de que fuera una de las pocas personas que se recuperarían de la tifoidea. Amy nunca se apartaba de su cama; oraba por ella y le cantaba dulcemente. A pesar de todos los cuidados, Arulai contrajo también neumonía. Cuando la temperatura ambiente descendió a 35 grados centígrados, Amy llamó al médico. Éste examinó a la joven meticulosamente y habló con Amy en privado. Sus ojos reflejaban tristeza. Puso gentilmente su mano sobre el hombro de Amy y le dijo: «Va a tener que prepararse para perderla definitivamente».

Amy se quebrantó. Amaba a Arulai como si fuera su propia hija. Más que ninguna otra cosa deseaba que se restableciera. No obstante, el médico había certificado centenares de casos de niños con fiebre tifoidea y sabía que cuando enfermaban hasta ese

punto, la muerte era segura. Amy se sentó junto a
Arulai y la tomó de la mano durante horas. Oró fer-
vientemente para que Dios hiciera un milagro. Los
días fueron pasando y Arulai fue recobrando lentamente sus fuerzas. Entonces abrió los ojos y pidió
agua. Al cabo de poco pudo levantar la cabeza de la
almohada. Mejoró. Las oraciones de Amy habían sido respondidas. Fue como recuperar a una hija de
entre los muertos.

Arulai continuó recuperándose. Amy reflexionó
acerca de su trabajo. Tener las ocho niñas en un
mismo lugar facilitaría su ministerio. Al pasar menos tiempo viajando, las niñas mayores ayudarían
a las más pequeñas a leer y aprender aritmética.
Las comidas serían mucho más fáciles de preparar
en una choza que en una fogata, al lado de la carretera. Y, por supuesto, las niñas estarían mucho
más seguras. Vivir juntos en una casa reducía mucho las posibilidades de sufrir robos o palizas, riesgos que corrían cuando acampaban al borde de
una carretera, en pleno campo.

Aunque le gustara mucho viajar y predicar el
mensaje del evangelio, Amy se daba cuenta de que
tenía más sentido para ella establecerse en un
lugar fijo, y criar a las ocho niñas con formalidad.
Por otra parte, ella no era una persona que esco-
giera lo «fácil». Había cientos de miles de personas
en la región que necesitaban oir hablar del Señor
Jesucristo.

Había también niños en los templos, como Preena, que necesitaban ser rescatados, y había cristianos recién convertidos que necesitaban recibir

más enseñanza acerca de la fe cristiana. Era muy difícil para Amy sacrificar todo eso para ser Amma.

El criar hijos no se consideraba en estos días como una parte del trabajo misionero. Pero ¿era un error ser madre para estas niñas que Dios le había enviado claramente? ¿Podría ser este trabajo una parte de la obra misionera que Dios tenía para ella en la India?

Amy se planteaba estas cuestiones mientras cuidaba de Arulai hasta su pleno restablecimiento. ¿Podría ella ser una buena Amma para las niñas y aún así mantener el peligroso ritmo de viajes que había llevado por tanto tiempo? ¿O quería Dios que las niñas «ataran sus pies»? Cuanto más oró acerca del asunto, tanto más conoció cual era la respuesta correcta.

Era el tiempo de organizarse y proporcionar un hogar a las niñas. Amy trató el asunto con las mujeres del Grupo Estelar. Ellas estuvieron de acuerdo en que era oportuno que Amy se quedara en casa y fuera una Amma para las niñas. También señalaron que había llegado el momento de buscar una casa más grande para vivir. En la casa de Pannaivilai vivían quince personas y apenas quedaba espacio para moverse. Pero, ¿dónde encontrarían una casa más grande? Ciertamente no existían casas más grandes en los alrededores de Pannaivilai. Además, ¿quién iba a querer por vecinas a un grupo de mujeres cristianas, supresoras de casta, que acogía a las niñas que se escapaban del templo? Ningún hindú en su sano juicio querría que este grupo fuera vecino suyo.

Al poco tiempo de haber comenzado a pensar en dónde podrían encontrar más espacio para vivir, llegó la respuesta. Cuando Iyer Walker enseñaba a los estudiantes de la Biblia en Dohnavur vivió en la casa de un misionero que se fue de viaje a Australia. Pero el misionero nunca regresó a la India, y los estudiantes necesitaban con urgencia un maestro permanente. La escuela bíblica estaba dirigida por la Sociedad Misionera de la Iglesia y los directivos decidieron llamar a su antiguo presidente, Iyer Walker, para que regresara a Dohnavur y se hiciera cargo de la escuela. Si lo hacía, podría encargarse de todo el centro misionero y reorganizarlo. Iyer Walker decidió aceptar la invitación la misma semana en que Amy y el Grupo Estelar comenzaron a orar a Dios para que les guiara a un nuevo hogar. Por supuesto, Iyer Walker invitó inmediatamente a Amy y al Grupo Estelar a trasladarse con él y con su esposa al local de la escuela bíblica en Dohnavur. Las mujeres aceptaron gustosas el traslado. Era, en muchos sentidos, una solución perfecta. Las chozas de barro de la escuela tenían gran necesidad de ser reparadas. La propia tierra era polvorienta y estaba abandonada. Hacía mucho que no se cuidaba el jardín de la propiedad. Pero Dohnavur era un lugar seguro para criar niños. La aldea había sido fundada hacía más de cincuenta años. En 1827, por Charles Rhenius, misionero prusiano, logró muchos éxitos en su labor misionera aquí, en el sur de la India.

Charles fue uno de los primeros hombres que pensó en la educación de la mujer india y que se pronunció en contra del sistema de castas, al que consideraba una forma de impedir que los pobres mejoraran su condición social. Debido a sus ideas, Rhenius animó a los nuevos convertidos a traspasar sus castas, lo cual muchos de ellos hicieron. Naturalmente, esto condujo a innumerables problemas. Los cristianos fueron golpeados o simplemente abandonados para que murieran de hambre. A los más afortunados se les expulsó de sus domicilios y se les advirtió que no regresaran nunca. Pero, ¿adónde podrían ir? Charles Rhenius escribió a las personas que lo financiaban desde Europa pidiéndoles ayuda. Ellos le enviaron dinero para que comprara algunos terrenos baldíos y creara «aldeas de refugio». El conde Dohn, noble europeo, envió el dinero para fundar una de aquellas aldeas, y Charles Rhenius la llamó Dohnavur en su honor.

La mayor parte de las personas que vivían ahora en esta aldea habían olvidado casi por completo su herencia cristiana. Pero seguía siendo un lugar seguro y maravilloso para criar niños. Estaba retirada de las principales rutas de tráfico que atravesaban la región. A pesar de que Dohnavur estaba apartada, dentro de un radio de ocho kilómetros había otras cincuenta aldeas. Amy y el Grupo Estelar tenían un vasto campo de misión, distante sólo un par de horas desde Dohnavur.

Tan pronto como Arulai se encontró bien, las mujeres y las niñas se trasladaron a vivir en la aldea. Las escasas pertenencias del Grupo Estelar fueron cargadas sobre un carro de bueyes que se dirigió hacia el Oeste. Todas las mujeres conocían

bien el lugar. No en vano el Grupo Estelar había
vivido allí el año anterior con Iyer Walker, aunque
Amy no tuviera entonces tantas niñas.

Por fin divisaron la escuela bíblica. Un muro
bajo de adobe rodeaba todo el complejo. En la propiedad había una cabaña grande y una fila de habi-
taciones pequeñas, cada una con su propia ventana.
También había una iglesia pintada de blanco en
donde Iyer Walker enseñaba sus lecciones. Cuando
el grupo se acercó a la escuela, Amy se mostró agradecida por el hecho de que los anteriores habitantes
de la propiedad hubieran plantado una fila de tamarindos. Los árboles habían crecido y ahora formaban un paseo majestuoso, cubierto de sombra.
Aparte de los tamarindos no crecía nada útil allí.
El terreno estaba más seco que el aserrín. Mucho
esfuerzo se tenía que invertir para que el complejo
escolar se asemejara al proyecto que Amy había
planeado.

Amy y el Grupo Estelar instalaron su nuevo hogar en la cabaña grande. Casi no habían terminado de deshacer las maletas cuando Amy tuvo que
ausentarse por seis semanas. Le había prometido
ayuda a Iyer Walker para dirigir una serie de reuniones en Trivandrum, en la costa suroeste de la
India. A Amy le encantaba volver a ver el mar. Le
recordaba los muchos días que había merodeado
por la playa cuando era niña, en Irlanda.

Iyer Walker y Amy eran los dos conferenciantes,
aunque en realidad parecían «gritones» desafora-
dos. Ante una audiencia de más de dos mil personas —no existían los micrófonos— no tenían otra

posibilidad de ampliar sus voces sino gritar todo lo
que podían cuando les tocaba hablar. Fue una experiencia interesante para Amy. Era la primera vez
que salía de la región tamil en siete años. A menudo tuvo que recurrir a un intérprete para hablar con
la gente que asistía a las reuniones. No se había
dado cuenta de lo acostumbrada que estaba a hablar la lengua tamil. Tampoco sabía cómo se sentía
una madre separada de sus hijas por seis semanas. Dejó a Ponnammal y al Grupo Estelar a cargo
de las niñas, de modo que no se preocupaba por
ellas aunque las echaba mucho de menos.

Pero Amy deseaba de todo corazón regresar a
su hogar. Cuando volvió a Dohnavur, muchos bra-
citos se extendieron para darle la bienvenida. Finalmente comprendió que esta era la obra que Dios
le había encomendado hacer en la India. Él había
atado ahora sus pies, y ella estaba contenta. Aunque muchos otros grupos le pidieron que fuera su
conferenciante invitada, Amy nunca volvió a dejar
Dohnavur sin las niñas.

Había mucho que hacer en Dohnavur. El primer
año pasó rápidamente. El Grupo Estelar continuó
predicando por los campos de alrededor, pero los
días de Amy se dedicaron por entero a enseñar a
las niñas mayores y a atender a los bebés. Iyer
Walker ayudaba cuanto podía, y siempre estaba
disponible para aconsejar a Amy en lo que ésta le
solicitara. Ella sentía que tenía un hermano mayor
en quien apoyarse. Pero Iyer Walker también tenía
sus problemas personales que resolver. Su esposa
estaba muy enferma y el médico le aconsejó que la

llevara a Inglaterra para descansar por un año. En noviembre del año 1903, a regañadientes, abandonó Dohnavur y partió hacia Inglaterra.

Por primera vez desde cuando inició su vida misionera, Amy, mujer soltera, tuvo que cargar sola con todo el peso del ministerio.

Capítulo 15

Pequeñas gemas

Amy siguió cuidando de sus niñas y supervisando el Grupo Estelar, pero se sintió frustrada. Era como si el trabajo que había sido llamada a hacer se le escapara de las manos. Preena le había contado muchas historias acerca de las niñas del templo. Algunas llegaban recién nacidas para ser instruidas en el servicio del templo y quedarse allí como prostitutas. Normalmente eran entregadas por sus padres para ganarse el favor de los dioses hindúes. A veces, cuando una familia pobre no podía hallar marido para su hija —y para deshacerse de ella—, era entregada al templo. En la India muchas niñas eran prometidas en matrimonio cuando sólo tenían seis o siete años de edad, y la mayoría ya estaban casadas a los doce.

Aquel panorama causaba náuseas a Amy cada vez que lo pensaba, pero, ¿qué podía hacer? ¿Cómo podría tener acceso a aquellas niñas? Eran cautivas encerradas con las puertas trancadas, y vigiladas cada minuto del día. Lo único que Amy podía hacer era comunicar a otros cristianos su deseo de ayudar; orar y esperar que Dios rompiera las puertas para que ellas salieran, como lo había hecho con Preena. Entonces Amy envió cartas por toda la India para hacer saber a los pastores y misioneros cristianos que si rescataban a alguna niña de un templo, ella les ofrecía un lugar de refugio.

En esta forma, el 1 de marzo de 1904, las frustraciones de Amy comenzaron a desvanecerse. Sus oraciones fueron respondidas.

Un bulto pequeño, arrugado, descansó por fin en sus brazos, este fue depositado por un pastor del norte del país. Había oído hablar de una recién nacida que había sido entregada a un templo hindú, y organizó un atrevido rescate. Después viajó toda una noche hasta Dohnavur para ponerla a salvo. Preena, que ya llevaba tres años con el Grupo Estelar, tuvo el privilegio de poder escoger el nombre. Escogió el de *Amatista,* como la preciosa gema color violeta.

Hubo que luchar mucho para salvar la vida de Amatista. La niña estaba muy débil y era difícil encontrar leche materna para un recién nacido. Pero Amatista estaba bajo cuidado, y comenzó a fortalecerse y creció sana. Pronto la siguió otra niña, a quien llamaron *Zafiro,* otra piedra preciosa. Zafiro fue también rescatada por un pastor indio. Era una niña feliz y rechoncha, que no requirió tantas atenciones como su «hermana» Amatista.

La familia de Amy crecía rápidamente, lo cual la hacía muy feliz. En junio de 1904, seis meses después que los Walker partieran para Inglaterra, Amy tenía diecisiete niñas para cuidar. Seis fueron rescatadas de los templos hindúes. Por supuesto, casi no había espacio para «la familia» en la cabaña, pero se arreglaron con lo que tenían. Otra cabaña larga, de adobe, al lado de la principal, sirvió de guardería, cocina y comedor.

Además de haber poco espacio disponible, el enorme grupo de niñas significaba una cantidad increíble de trabajo. Había que lavar a mano montones de ropa y colgarla afuera para secar. Había que cocinar grandes ollas de arroz y pelar y cortar montones de verduras. Luego estaban los treinta sacos de dormir que había que airear y enrollar todas las mañanas, por no mencionar todo lo que había que recoger, los suelos que barrer y el mantenimiento de los edificios. La lista de tareas era interminable.

El Grupo Estelar trabajaba codo a codo con Amy, aunque a veces a las mujeres les resultaba muy difícil hacer estos oficios. Desde su nacimiento, muchas de ellas habían sido criadas con la idea de que ciertas tareas eran propias de las castas más bajas. Incluso para los cristianos no era fácil vencer este prejuicio. Era muy humillante para las mujeres del Grupo Estelar lavar ropa, barrer los pisos y quemar la basura para otros. Muchas de ellas habían sido criadas «por encima» de tales cosas.

Amy tenía que recordarles, como a sí misma, que Jesús lavó los pies sucios y polvorientos de todos sus discípulos.

Lentamente, el Grupo Estelar llegó a comprender que el verdadero amor significaba servir a otros, aunque estos fueran bebés que lloraran de noche e hicieran travesuras de día.

Uno de los problemas al que tuvieron que hacer frente fue la desnutrición de algunas niñas que estaban demasiado débiles para alimentarse con leche de cabra o de vaca, y necesitaban el pecho materno. Pero encontrar una mujer que estuviera dispuesta a dar el pecho al bebé de otra era un reto enorme. Una vez Amy halló una mujer que estaba dispuesta a dar el pecho a una recién nacida para salvarle la vida. La mujer era consciente de que estaba quebrantando la casta, pero de todos modos lo hizo. Tristemente, le costó la vida. Su marido se puso tan furioso que, cuando descubrió lo que había hecho, la envenenó. Después de eso fue imposible encontrar mujeres dispuestas a dar el pecho a los bebés de otras.

En medio de tanta actividad Amy sintió la necesidad de hacer una pausa. A veces empacaba un poco de ropa y se llevaba a las niñas mayores a Ooty, en donde daba con ellas largos paseos por el bosque. En uno de esos paseos empezó a pensar en la necesidad que tenían de una buena guardería. Ya antes había pensado en ello, pero faltaba dinero suficiente para construir. Pese a que Amy enviaba regularmente a sus financiadores —en las islas Británicas— una carta de noticias titulada

«Residuos», nunca les pidió dinero ni les insinuó que la familia tuviera necesidades especiales. Recordó los tiempos en que vivió en Belfast, cuando quiso construir el *Tabernáculo de Hojalata* y Dios le suplió el dinero y el terreno para poder construirlo. Amy había resuelto no pedir dinero, sino esperar que Dios moviera los corazones. En todo el tiempo transcurrido desde aquel entonces, nunca había cambiado de parecer. No importaba que las cosas se complicaran; se prometió a sí misma no hacerlo jamás. La obra de Dohnavur nunca se extendería sobre dinero prestado o sobre dinero involuntariamente donado por la gente. Aunque hubiera pensado en construir la guardería, no había llegado el momento oportuno. Pero al caminar por las colinas cercanas a Ooty, sintió que la hora de Dios había llegado.

Cuando Amy llegó a la casa de su amiga, la señora Hopwood, en donde se alojaba siempre que visitaba Ooty, escribió una nota a la familia de Dohnavur pidiéndoles que empezaran a hacer adobes. Era tiempo de construir. Al cabo de una hora llegó el correo a la casa de la señora Hopwood, y con él llegó una carta para Amy que contenía un cheque por una cantidad suficiente para cubrir el costo de los adobes. Amy rebosaba de alegría y deseaba volver a Dohnavur para contar la noticia a su familia, y comenzar a diseñar el plano de la guardería.

Cuando Amy llegó a casa le aguardaba otro cheque. Era un donativo anónimo, procedente de Madrás, el cual estaba acompañado de una nota que decía «para la guardería», y aunque Amy no había tenido tiempo de contarle a nadie lo del proyecto. Este dinero era suficiente para la compra de un terreno adyacente y para poder pagar los materiales de construcción.

La construcción de la guardería ya estaba avanzada cuando Iyer Walker regresó a Dohnavur, después de pasar un año en Inglaterra. Su esposa aún no se sentía bien para viajar a la India, pero alguien le acompañó: la madre de Amy.

La señora Carmichael había planeado por algún tiempo viajar a la India y apreciar por sí misma la labor que su hija estaba desarrollando. El retorno de Iyer Walker le proporcionó una oportunidad magnífica para viajar. Hacía casi diez años que Amy se había despedido con lágrimas en los ojos, en Manchester. Madre e hija tuvieron un reencuentro precioso. Su madre le dio noticias de sus hermanos y hermanas, esparcidos por todo el mundo. También le dio noticias de Robert Wilson, pero no fueron buenas. Estaba delicado y su salud decaía por momentos. El gozo de Amy por ver a su madre quedó empañado de tristeza al conocer el mal estado de Robert Wilson.

La señora Carmichael se adaptó bien a la gran familia. Las niñas le llamaban «Atah», que en tamil significa abuela, y la seguían por todas partes. Todos los días, a la hora del almuerzo, le esperaban ramitos de flores delante de su asiento, y cuando se sentaba a leer en el calor de la tarde no faltaban manitas que la abanicaran. Amy se alegró de recibir los consejos de su madre. A veces no sabía bien cómo cuidar a los bebés más pequeños, sobre todo cuando estaban enfermos. Como en Dohnavur no había médico, Amy tenía que arreglárselas con unos conocimientos médicos muy escasos.

Como la señora Carmichael había criado siete hijos, su experiencia y sus sabios consejos fueron muy valiosos para su hija.

Amy necesitaba todos los consejos que su madre le pudiera dar. Sin embargo, todos sus esfuerzos no fueron suficientes. Dos de los bebés dejaron de beber líquidos. Amatista, la recién nacida que les vino del templo y otra niña, llegada poco después, se pusieron muy enfermas. Todo lo que Amy y su madre intentaron para que las niñas bebieran fracasó. Las dos murieron al cabo de pocos días por deshidratación.

Fue muy triste aquel día en que tuvieron que separar un pequeño terreno para utilizarlo como cementerio. Amy lo denominó *Jardín de Dios*. Estaba situado entre la cabaña grande y el huerto. En ese lugar fueron enterradas las dos bebés. Sin piedras sepulcrales ni vallas, sólo la belleza del jardín y la sombra de los majestuosos tamarindos como testigos silenciosos de su desaparición.

Zafiro, la niña rechoncha y feliz ya caminaba. Era la favorita de las niñas mayores. Se turnaban para jugar con ella y pasearla por el recinto. Sin embargo, Zafiro tampoco estaba bien de salud y la señora Carmichael la vigilaba de día y de noche. Pero, una vez más, todo su cuidado maternal no bastó, y el 6 de enero de 1905, no mucho después de las otras dos niñas, Zafiro también murió. Todas se quebrantaron. Tres bebés habían fallecido hasta entonces. Amy no sabía cómo consolar a su familia. Llevó a las niñas mayores al Jardín de Dios. Buscaba palabras de consuelo. Sus ojos reposaron en un hermoso lirio, el primero que brotaba. Paseó a las niñas por el jardín mostrándoles las enredaderas y las capuchinas que brotaban y se detuvo frente al lirio. «Si Jesús visitara este jardín —preguntó—, ¿qué flor le regalarían?». Las niñas señalaron aquel solitario lirio. «Le regalaríamos este lirio» —repusieron todas.

Amy estuvo de acuerdo. «Dios nos ha pedido que le demos tres de nuestros lirios más hermosos, y yo no los quiero retener aquí en la tierra» —dijo simplemente.

La vida en Dohnavur continuó sin sobresaltos, pero poco después Amy tuvo que ser consolada. Llegó la noticia de que su querido anciano Robert Wilson había fallecido el 19 de junio de 1905. Afortunadamente la señora Carmichael todavía se encontraba en la India y pudo ofrecer a su hija el consuelo que necesitaba. Después de pasar el duelo por la pérdida de Robert Wilson, Amy se entregó completamente al trabajo en Dohnavur. Otras tres niñas nuevas llegaron a la familia, y la guardería volvió a estar llena de vida con voces alegres de niñas pequeñas.

Finalmente, tras casi año y medio de visita, y de haber prestado gran ayuda a su hija, la señora Carmichael regresó a Inglaterra en marzo de 1906. Todos se entristecieron cuando se marchó Atah. Pero no tuvieron mucho tiempo para echarla de menos porque la guardería estaba llena de niños que reclamaban atención. Todos se concentraron en la obra creciente que Dios les había concedido hacer allí.

Capítulo 16

Un extraño sentimiento de alegría

Eran las tres de la madrugada del 10 de mayo de 1909. Amy se sentó en medio del silencio, bajo una higuera de Bengala. Se ocultó parcialmente en la sombra. Así era como le gustaba descansar. Divisaba una milla de carretera bajo la luna, pero a ella nadie la podía ver. Esperaba a alguien, alguien quien pudiera ayudarla.

Todo comenzó dos meses antes cuando una jovencita y su madre subieron los peldaños de la cabaña gritando en busca de refugio. Amy les pidió que se sentaran y les sirvió una taza de té mientras la madre relataba su historia. Muttammal, su única hija, tenía doce años. El padre de Muttammal había fallecido recientemente y le había dejado a ésta todas sus posesiones, incluidos unos terrenos por valor de varios miles de rupias. Ahí es donde comenzó el problema. Muttammal pasó a ser una niña muy rica. Desafortunadamente la familia de su padre pensaba que la tarea más importante consistía en conservar la tierra y la riqueza de la familia. Creyeron que esto sería sencillo. Lo único que tenían que hacer era casar a Muttammal con un pariente cercano. Un anciano primo segundo de su padre, quien por ese entonces estaba viudo, fue escogido para ser su marido y preservar así la riqueza de la familia. La madre de Muttammal contó a Amy que le aterrorizaba la idea de que su hija se casara con alguien que podía ser su abuelo y por eso había escapado a Dohnavur con su hija.

Amy se ofreció inmediatamente a cuidar de Muttammal, y su madre desapareció tan rápidamente como había llegado. Cuando ella se marchó, Muttammal recuperó la voz: «Prométame que, pase lo que pase, no me sacarán de aquí» —suplicó.

Amy intentó tranquilizarla, aunque, en ciertas ocasiones el juzgado había ordenado a la familia de Dohnavur devolver alguna niña. Estos mandatos eran imperativos. «No puedo prometértelo, pero haremos todo lo posible» —respondió Amy a Muttammal. La respuesta no satisfizo a Muttammal. Cuatro años antes ella había oído hablar de Dohnavur y del Dios cristiano, y de cómo éste responde a las oraciones.

—Pero he oído que vuestro Dios contesta nuestra oración. ¿No responderá la oración de una niña? —inquirió.

—Vamos a orar juntas y veamos qué sucede —replicó Amy.

Entre tanto Amy descubrió que la madre de Muttammal no era la clase de persona amable y protectora que había fingido ser. De hecho, era tan codiciosa como la familia de su marido. No quería que Muttammal se casara con el anciano porque buscaba una manera de retener para sí la herencia de Muttammal. Amy sintió náuseas por la manera en que la madre y la familia del padre trataban a Muttammal: como una forma de hacerse ricos. Pero Amy aprendió a amarla y sintió que ella merecía vivir con personas que la amaran.

Iyer Walker estaba ausente cuando llegó Muttammal, pero en cuanto regresó, Amy le contó todos los detalles. A Iyer Walker no le gustó que la madre de Muttammal la llevara a Dohnavur para mantenerla alejada de la familia del padre. Para protegerse legalmente, instó a Amy a hablar con el magistrado de la localidad y procurar su consejo. Amy lo hizo al día siguiente y aquél le advirtió que debía devolver inmediatamente a Muttammal a su madre.

Amy no sabía qué hacer, pero creía que no se debía infringir la ley. Decidió esperar un día antes de devolver a Muttammal a su madre, con la esperanza de encontrar algún instrumento legal para retenerla. Toda una noche oró pidiendo una solución, e incluso un milagro. Pero a la mañana siguiente las cosas no habían cambiado respecto a la noche anterior y Muttammal tenía que ser devuelta.

Esto fue lo que condujo a Amy a refugiarse bajo la higuera de Bengala a las tres de la madrugada. Había oído que un alto oficial de un tribunal de justicia podría pasar por allí muy temprano ese día. Efectivamente, a eso de las cuatro de la madrugada Amy oyó el ruido sordo de una carreta en la distancia. Se puso de pie y aguardó a que se acercara. Cuando ya estaba cerca, salió de su escondrijo e hizo señales. El funcionario inglés que iba dentro se asombró de ver a una mujer blanca, con sari, corriendo para saludarle, particularmente a las cuatro de la madrugada. No obstante, se detuvo y aceptó la inusitada invitación de Amy para tomar una taza de té y unas galletas. Mientras el funcionario, sentado debajo del árbol, comía su galleta y bebía su té, Amy le contó la historia de Muttammal y le explicó que las dos ramas de su familia se disputaban la custodia para conseguir el control de su herencia.

El funcionario escuchaba, asintiendo con simpatía, o levantaba los párpados, o sacudía la cabeza en el momento propicio. Amy estaba segura que la entendería. Pero le dio una mala noticia. Lo sentía, pero no había nada que él pudiera hacer. La India tenía sus propios códigos extraños y misteriosos, y escapaba a la política del imperio británico interferir en los asuntos de religión, o en las costumbres locales, sin importar cuán inaceptables pudieran parecer a un inglés.

Amy le dio las gracias. Él prosiguió su camino y ella recogió con cansancio su tetera y las tazas de porcelana en una cesta, y caminó hasta la cabaña de Dohnavur. Mientras caminaba entre campos encharcados y bueyes soñolientos, intentó dar con una solución. Era evidente que Muttammal tenía una fe sencilla en Dios. Amy estaba segura de que

algo ocurriría y la salvaría de esta terrible circuns-
tancia. Y en efecto ocurrió, aunque no como ella lo
había imaginado. Muttammal fue raptada por los
hermanos de su padre. Por supuesto, esto hizo en-
fadar mucho a su madre, quien acudió inmediatamente al juez para recuperar a su hija. Al final, el
juez ordenó que Amy podría cuidar de Muttammal
en Dohnavur hasta cuando se decidiera qué parte
de la familia se quedaba con ella. El juez puso dos
condiciones para la custodia temporal. En primer
lugar, Amy tenía que prometer que Muttammal no
cambiaría de religión, lo cual para un hindú significaba que ella no podría ser bautizada. En segundo
lugar, Muttammal no podría abandonar su casta.

La segunda condición era más difícil de cumplir
que la primera. Muttammal procedía de una casta
alta y no podía comer alimentos preparados por
individuos de casta inferior, ni tan siquiera comer
en presencia de una persona de casta más baja.
Esto significaba que ella tendría que prepararse su
propia comida, y comer sola, en un cuarto. Representaba un inconveniente para todos, pero Amy se
esforzó por acatar el acuerdo que había convenido
con el juez.

Muttammal suplicó a Amy que le permitiera quedarse en Dohnavur para siempre. Al Final Amy aceptó. Alguien tenía que representar a la niña. Amy no
sabía cómo, pero encontraría alguna manera de obtener la custodia permanente de Muttammal. No
obstante, necesitaría de un buen abogado, y los buenos abogados eran muy costosos. Pero Amy se las
arregló para encontrar uno asequible. ¡Un abogado

cristiano de Madrás ofreció hacerse cargo del caso de Muttammal, sin cobrar honorarios! Amy y su abogado entablaron pleito por la custodia de la niña, y como las audiencias en el juzgado se retrasaban continuamente, Amy y la familia aprendieron a amar a Muttammal aún más. Muttammal se adaptaba fácilmente a la nueva situación, y aunque sabía que no se podía bautizar, se hizo cristiana de todo su corazón.

El tiempo transcurría. Amy pasaba con Muttammal mucho tiempo. Se daba cuenta de que si la familia de Dohnavur dejaba bajar la guardia por un momento, Muttammal podría fácilmente ser raptada otra vez. Lo único que tenía que hacer la familia de su padre era colocarle una sortija de matrimonio... y ya sería demasiado tarde; estaría oficialmente casada con el anciano. A medida que el juicio se fue alargando, este asunto se fue complicando. El caso judicial fue cada vez más costoso y agotador para Amy. Anhelaba que todo acabara.

El juicio por el caso de Muttammal no era la única cosa que le causaba preocupación a Amy. La familia de Dohnavur crecía rápidamente. Amy era ya Amma de más de cien niñas.

Esto significaba que hacía falta más personal para atenderlas. Dio gracias cuando Frances Beath, una misionera venida de australia, se unió a la familia. También pasaba por Dohnavur un flujo constante de visitantes. Parecía que la gente leía el libro *Las cosas como son*, y decidía ir a la India para ver de primera mano la labor de Amy. Una de las visitantes fue Mabel Beath, hermana de Frances. Amy la recibió como recibía a todos los visitantes: ¡la puso a trabajar!

Por fin, después de muchos retrasos, se fijó el 27 de marzo de 1911 como fecha para dirimir el asunto de la custodia. Una noche anterior Iyer Walker acompañó a Amy hasta Palayankottai, en donde debía dictarse el veredicto. Amy oró para que Dios abriera una puerta a Muttammal y se quedara con ellas. La propia Muttammal se había quedado en Dohnavur con Ponnammal. Aunque Muttammal aún estaba segura con la familia, Amy sabía que si el juez ordenaba que fuera devuelta a su madre o a la familia de su padre, ella tendría que obedecer el mandato judicial. Cuando entró en la sala del tribunal pensó en la noche que había pasado en vela dos días antes, hablando con Muttammal. Amy esperaba animarla, pero sucedió todo lo contrario. Muttammal tenía una fe tan sólida en Dios, y tal confianza en que las cosas saldrían bien, que dio muchos ánimos a Amy. En la sala del juicio hacía un calor sofocante. El secretario leyó un resumen del veredicto, compuesto por interminables páginas de frases rebuscadas. Por fin, después de una lectura de más de una hora, Amy oyó la noticia que había temido por casi dos años. Muttammal tenía que volver con su madre y Amy tenía que pagar los costos del juicio correspondientes a aquella. Muttammal debía ser entregada a su madre un cuatro de abril. Debió haber sido un momento de total derrota para Amy, pero no lo fue. Amy sintió un gozo extraño y, en lo más profundo, supo que todas las cosas saldrían bien.

El abogado de Amy decidió que debía apelar inmediatamente la sentencia, así que, sin ningún entusiasmo por iniciar otra ronda de comparecencias,
Amy aceptó viajar a Madrás para volver a reunirse
con el abogado.

Una noche antes de tomar el tren de Palayankot-
ttai a Madrás, Amy recibió un mensaje de Iyer Walker, quien había vuelto a Dohnavur. En el mensaje
se me aseguraba que su viaje a Madrás era innece-
sario. Decía: «Cuando llegué a casa el día jueves por
la mañana, se me notificó que Muttammal había
desaparecido...».

Amy quedó aturdida. Por su cabeza discurrie-
ron pensamientos contradictorios. ¿Había sido Muttammal secuestrada por la familia de su padre?
¿Estaba ya casada? ¿O había huido? ¿Había recibido ayuda de algún miembro de la familia de Dohnavur? ¿Qué significado tendría esto para Amy y
las niñas?

Era posible que el juez pensara que Amy había
organizado un «secuestro» de Muttammal. Podría
ser inculpada de desacato a la ley y arrojada en un
calabozo. Eso significaría el fin de la familia de
Dohnavur. Amy se dio prisa por llegar a Dohnavur
para tratar de averiguar qué le había sucedido a
Muttammal.

Preguntó a todas las personas que habitaban
allí, pero nadie parecía saber nada de la desaparición de la niña. Ponnammal la vio irse a acostar la
noche anterior, pero como no se presentó por la mañana a hacer sus tareas, Frances Beath fue a buscarla. Muttammal no estaba en su habitación; ni

una sola de sus cosas faltaba ni aparentaba desorden. Su saco de dormir estaba extendido, lo que indicaba que había dormido allí. Aparte de eso, Amy no pudo descubrir nada más. Estaba segura de que nadie le mentía, y también de que Muttammal no podía haber desaparecido por sí misma. ¡Era un misterio!

Amy tenía muchas otras cosas en qué pensar aparte de este misterio. Mucha gente había seguido el caso de Muttammal, y una vez desaparecida, se instigó una protesta pública contra Amy y su labor. Amy recurrió a otro abogado inglés para que revisara su caso. Le aconsejó que desapareciera con todas las niñas y que no dejara rastro. Si no podía hacer eso, no sabía qué otra cosa podría salvarlas, exceptuando la fe.

Amy se estremeció. Por hablar en nombre de Muttammal, corría peligro de perder a toda su familia y acabar en una cárcel de Madrás. Con todo, no pudo olvidar el sentimiento de gozo que fluyó de su interior al oír la sentencia. Sabía que Dios intervendría de algún modo en el asunto. En realidad, no tenía más opción que aferrarse a su fe. No había forma de que una Amma inglesa y más de cien niñas pudieran esconderse en ninguna parte de la India, aunque quisieran.

Amy y su familia oraban por esta situación todos los días. Y oraban por Muttammal. Pedían que estuviera segura en el sitio en que se encontrara y que Amy no fuera demandada por causa de su desaparición. Y no lo fue. Una vez que Muttammal, desapareció tanto su madre como la familia de su padre parecieron perder interés en ella y no se volvieron a preocupar de su paradero ni de quién se la habría llevado. Amy supuso que las familias estaban demasiado ocupadas en el pleito por la herencia de Muttammal y que no les preocupaba su persona.

Pero Amy aún tenía pendiente una enorme factura judicial que pagar. Su abogado le había donado su tiempo, pero el abogado de la madre de Muttmmal había costado una gran cantidad de dinero del que Amy carecía. Lo último que Amy esperaba era ser acusada de desacato al tribunal por rehusar pagar las costas judiciales de la madre, además de haber sufrido la pérdida de Muttammal. Justo en este momento llegó a Dohnavur un donativo anónimo que cubriría los costos del abogado. La suma ascendía a la cantidad exacta para pagar hasta la última rupia. Amy se alegró mucho al comprobar que Dios todavía tenía su mano sobre aquellas circunstancias.

En octubre de 1911, siete largos meses después de la desaparición de Muttammal, Amy recibió una carta sellada en la provincia china de Kwangsi. Rasgó el sobre y la leyó. La misiva exhibía una letra clara, escrita por el puño de Muttammal, y relataba una historia casi increíble. La noche en que las mujeres de Dohnavur se enteraron de la sentencia del juez, Muttammal se fue a la cama, como de costumbre. Por la noche fue despertada por Mabel Beath, la hermana de Frances que se hallaba de visita. Mabel llevó a Muttammal a su habitación y la disfrazó de niño musulmán. Luego la sacó del recinto y le mandó esperar. Al poco rato, pasó por allí un carro arrastrado por una yunta de bueyes y le dijeron que se subiera. Como la niña no podía hacer nada, tuvo que obedecer. Resultó que el arriero era un cristiano que trabajaba en una misión cercana. Él entregó la niña a otro cristiano, y así sucesivamente, hasta llegar a Colombo, Ceilán. Allí, un inglés la acompañó hasta Malaya, Singapur y Hong Kong. Desde allí viajó por barco casi mil kilómetros, a lo largo del río Oeste, hasta la ciudad de Nanning, en la provincia de Kuangsi. En Nanning, Muttammal fue llevada al domicilio de un matrimonio misionero americano, el doctor Clift y su esposa, en cuyo hogar Muttammal se sintió por fin, segura y contenta.

Amy leyó la carta y sonrió. Se regocijó al saber que su «hija» estaba a salvo. Se secó las lágrimas de gozo mientras imaginaba a los cristianos caritativos que habían dedicado tiempo y dinero a acompañar a una niña desconocida para cubrir un viaje tan largo. Dio gracias a Dios por cuidar fielmente de la niña india que había puesto su confianza en él. Amy metió la carta en el sari y se fue a buscar a Iyer Walker, quien le había apoyado a través de los altibajos del caso. Ella quería que fuese él quien primero supiera la buena noticia. Amy no pudo apoyarse en Iyer Walker por mucho más tiempo. En agosto de 1912 Iyer tuvo que salir a predicar en una serie de reuniones en Masulipatam. El 24 de agosto, Amy recibió dos telegramas. El primero, que llegó con dos días de retraso, le comunicaba que Thomas (Iyer) Walker estaba gravemente enfermo. El segundo

contenía el siguiente mensaje: «Apocalipsis 22:4».
Amy abrió su desgastada Biblia en la última página.
Buscó con un golpe de vista el último de sus versículos: «Y verán su rostro, y su nombre estará en sus
frentes».

Amy se sentó un largo rato después de leer el
versículo. Sólo podía significar una cosa: su querido amigo, el que le había enseñado la lengua tamil
y la había apoyado a lo largo de todas las pruebas
y tribulaciones que pasó con el Grupo Estelar, y
después, con la familia de Dohnavur, estaba muerto.

Tenía cincuenta y dos años cuando falleció; la
noticia de su muerte dejó a Amy aturdida. Fue muy
difícil creer que aquel hombre sano que partiera
sólo una semana antes hacia Masulipatam, estuviera muerto. Pasaron unos días y Amy se enteró
de que Iyer Walker había sido envenenado. Además, ella debía encargarse de enviar la noticia a su
esposa, en Inglaterra, quien seguía muy enferma.

Por algunos días pareció que la pena podía llegar a vencerla. Iyer Walker había sido para ella como
un hermano mayor. La noticia de su muerte llegó
unas semanas después de la de otra amiga especial, en la India, la señora Hopwood, en Ooty. Amy
siempre se había rodeado de un grupo de amigos
que la apoyara y estimulara, pero en este momento
se encontraba sola. ¿Cómo podría arreglárselas sin
estos amigos tan especiales? Las mujeres que colaboraban con Amy se preocuparon grandemente por
ella. Ponnammal intentó ayudarla.

—Es muy difícil entender que esto en verdad
haya ocurrido para bien —le dijo a Amy.

—No es difícil entender que esto pueda redundar para bien —replicó Amy. Porque Dios nos pide que andemos por fe, y no por vista. Sólo la fe puede permitirnos dejar a Iyer Walker marchar al cielo sin sentir amargura. Amy oró por nuevas fuerzas para continuar, y a los pocos días de la muerte de Iyer llegaron dos nuevos refuerzos. Aunque no podían llenar el vacío, las dos mujeres que llegaron eran muy serviciales. Edith y Agnes Naish eran hermanas y habían trabajado como misioneras en la India por muchos años. Cuando oyeron que Iyer Walker había muerto sacrificaron sus propios planes y se apresuraron a acudir en ayuda de Amy. Las dos hermanas encajaron perfectamente en la familia que se había conformado en Dohnavur. Agnes alivió a Amy de la pesada carga que representaba atender la dirección de la escuela de niñas.

Arul Dasan, el primo de Arulai, quien fuera golpeado cuando era niño por escuchar el mensaje del evangelio, llegó a ser ayudante de Iyer Walker por muchos años. Después de la muerte de Iyer, Arul Dasan se ofreció para ayudar a Amy en todo lo que pudiera. Con gran alivio, Amy le traspasó de buena gana los trabajos de construcción de la guardería. Esto suponía que Arul Dasan se encargaría del mantenimiento de los edificios ya existentes y de la planificación de los nuevos. La familia se mantenía creciendo a buen ritmo. Ahora estaba compuesta por ciento cuarenta personas, de modo que siempre había algo que construir.

Al cabo de un año de la muerte de Iyer Walker, Ponnammal se enfermó. Amy la llevó a Nagercoil para ser tratada, pero resultó tener cáncer y tuvo que ser operada dos veces para intentar eliminarlo. Amy se quedó con Ponnammal durante dos meses mientras convaleció. Por fin los médicos opinaron que Ponnammal estaba bien recuperada para viajar a Dohnavur.

Poco después de llegar a Dohnavur, Amy volvió a recibir malas noticias. El 14 de julio de 1913 murió su madre en Inglaterra. Una vez más Amy enlutó. Pero la familia de Dohnavur continuaba creciendo y Amy se sumergió en el trabajo, intentando olvidar todas las tragedias que le habían sobrevenido durante el último año. Pero no pasó mucho tiempo hasta cuando el cáncer de Ponnammal reapareció, y el 26 de agosto de 1915 murió y fue enterrada en el *Jardín de Dios* en Dohnavur.

Fue un tiempo muy triste y solitario para Amy. Ponnammal había sido su compañera desde el principio del Grupo Estelar. Ella era la persona que Amy dejaba encargada de la familia cuando se ausentaba. Y lo mismo que le aconteciera con Iyer Walker, llegó a depender en muchas situaciones de Ponnammal. E igual que le sucediera después de la muerte de su amigo, Amy tuvo que depender exclusivamente de su fe para seguir trabajando sin amargura. Como en similares circunstancias anteriores, Amy se lanzó con gran dedicación a su labor. La alegría de ser *Amma* para muchas niñas pequeñas, felices, rescatadas de los templos hindúes y de otras situaciones desesperadas, ayudaba a Amy a perseverar en su trabajo después del fallecimiento de todas estas personas queridas.

A veces Amy soñaba, y aprendió a prestar atención a sus sueños. En uno de ellos vio que Muttammal y Arul Dasan se casaban en Ceilán. El sueño fue muy vívido, lleno de pequeños detalles, como el de que la boda se celebraba en la iglesia Galle Face de Colombo, y ni Amy ni los Clift estaban presentes. Amy no comentó nada por algún tiempo, pero finalmente un día compartió el sueño con Arulai. Para sorpresa de Amy, Arulai esbozó una amplia sonrisa.

—He estado orando por más de un año para que Arul Dasan y Muttammal se casen— dijo con entusiasmo.

Amy preguntó a Arul Dasan qué pensaba acerca de la idea de casarse con Muttammal y éste le dijo que le agradaría muchísimo. Entonces, él y Muttammal empezaron a escribirse, y en no mucho tiempo se comprometieron en matrimonio. Hicieron planes para que Arul Dasan viajara a China y celebraran allí la boda, pero, en 1917 el mundo estaba en guerra y era arriesgado para él realizar tan largo viaje.

Además, los misioneros Clift iban a salir de China y parecía más sensato que ellos la acompañaran hasta Ceilán. Los Clift, sin embargo, tenían prisa por llegar a su país y no pudieron esperar en Ceilán hasta que Arul Dasan llegara para la boda. Así que Arul Dasan y Muttammal se casaron en la iglesia Galle Face, de Colombo, sin la presencia de los Clift ni la de Amy, como ella lo había visto en el sueño. Los recién casados regresaron a Dohnavur y se instalaron en una casita dentro del recinto, en

donde sirvieron juntos por el resto de sus vidas. Y
por supuesto, Amy tuvo un encuentro maravilloso
con Muttammal.

Capítulo 17

La niña era niño

Un carro chirrió y retumbó por la carretera hacia el recinto de Dohnavur. Unas niñas mayores que estaban plantando arroz en uno de los campos limítrofes fueron las primeras en verlo. Corrieron para informar a Amy que se acercaban unos visitantes. Cuando el carro se detuvo enfrente de la cabaña, se acercaron muchas personas para darle la bienvenida. Una anciana con aspecto campesino se bajó de la parte trasera del carro. Agarró un bulto y se lo entregó a Amy. Ésta lo ojeó. Dentro del bulto había una niñita que abrió los ojos lo suficiente como para ver a Amy, sonreír y acomodarse en su regazo. Amy pasó la niña a Mabel Wade, una de sus colaboradoras más veteranas, e invitó a la anciana a tomar una taza de té. Cinco minutos después Mabel subió las escaleras corriendo y entró en la

187

cabaña. Respiraba entrecortadamente tras su des-
cubrimiento. Cuando fue a cambiar el pañal del bebé descubrió que ¡la niña era realmente un «niño»!
Rápidamente corrió la noticia de que les habían entregado un niño. Todas las mujeres se hicieron la
misma pregunta: ¿Podrían dejarlo allí entre tantas
niñas?

En la India de 1918, esta era una pregunta muy
difícil de responder. Amy oraba con frecuencia acerca de un *Centro de Atención* para niños varones.
En sus viajes a Madrás le entristecía ver a los niños pequeños recibiendo instrucción en los templos para actuar en obras de teatro en las cuales
representaban a los dioses hindúes. Su futuro era
tan miserable como el de las niñas, antes de que
Amy las hubiera adoptado. Pero ésta nunca contempló la posibilidad de criar niñas y niños juntos.
Entre otras cosas, porque los niños habrían tenido
que permanecer completamente separados del resto de la sociedad. De hecho, muchas casas indias
estaban divididas en dos partes, una para las mujeres y otra para los hombres, las cuales se excluían
mutuamente.

Aunque a Amy le pareciera una tontería, se cuidaba de no quebrantar las costumbres locales. Por
eso, la familia en Dohnavur nunca comía carne de
cerdo ni de ternera. Tanto las familias hindúes como las musulmanas observaban normas muy estrictas acerca de no comer una u otra carne, por lo
que Amy creyó que esta era una batalla que no merecía la pena librarse. El haber comido carne no
hubiera hecho más que ofender a los no creyentes.

Pero tener niños y niñas en el mismo recinto era un asunto mucho más complicado. ¿Cómo podría Amy poner niños y niñas en la misma clase y en el mismo comedor, sin ofender a la gente india? Además de las necesidades de la casa, los niños necesitaban ser educados por hombres y allí no había ninguno, excepto Arul Dasan, que era buen cristiano y buen trabajador pero no tenía una autoridad fuerte. También le advirtieron a Amy que, si introducía niños en la familia, las personas de las aldeas circundantes le sería más hostil. Al fin y al cabo todas las familias querían los niños. Los niños eran mucho más valiosos en la sociedad hindú que las niñas. Pero al igual que Preena —la primera niña del templo en llegar a la familia—, así también el primer niño les había llegado inesperadamente. Amy creyó que así era como Dios les indicaba que había llegado el momento de aceptar niños varones en la familia de Dohnavur, pese a lo que pudieran pensar los de fuera.

Al siguiente día, 15 de enero de 1918, Amy paseaba por el campo contiguo a la guardería de niñas, estudiando las dimensiones y la ubicación de una *Guardería de Niños*. Mientras caminaba pidió a Dios que le diera una señal de que era acertado comenzar a edificar tal guardería. Sintió que debía pedir a Dios la suma de cien libras para empezar a construir el nuevo edificio.

Aquella noche, a la hora de la cena, Amy contó su plan a las demás miembros del personal. A la mañana siguiente todas esperaron con impaciencia la llegada del correo. ¿Llegaría un cheque por valor de cien libras? No llegó, pero una de las obreras se acercó a Amy y le dijo: «¡No ha llegado hoy porque llegó ayer! Recibí un cheque de una herencia que ascendía a la cantidad exacta. Dios me encargó que se lo entregara a usted para comenzar a edificar la guardería de niños». De esta manera, la obra se inició de inmediato

Arul Dasan tuvo un hijo. El bebé recién nacido se llamó Arul, y resultó ser un niño sano y robusto. Crecía feliz, y le encantaba sentarse en las rodillas de Amy y oírle contar la historia del día en que llegó a estas tierras.

—Tú eres mi primer hijo —le decía Amy—, y el pecho de Arul se llenaba de orgullo.

A pesar de sus muchas responsabilidades Amy siempre encontraba tiempo para escribir. Guardaba un diario personal en el que escribía todos los días; y escribió también otros libros para ser publicados en Inglaterra. Más que nada, le encantaba relatar historias de las personas que trabajaban con ella y a quienes amaba. Escribió dos libros: *La vida de Walker de Tinnenvelly* y *La vida de Ponnammal*. Estos libros, añadidos a sus cartas de noticias, las cuales enviaba por todo el planeta, contribuyeron a que Amy llegara a ser conocida en muchos hogares del mundo. Pero ella lo ignoraba por qué rara vez viajaba más allá de Madrás.

En 1919, a los cincuenta y dos años, Amy recibió un telegrama de lord Pentland, gobernador británico de Madrás. Eran buenas noticias. Se le había concedido la medalla *Kaiser-i-Hind* por los servicios prestados al pueblo de la India. Muchas personas se habrían mostrado encantadas de recibir tal galardón, pero Amy se asustó. Ella no tenía idea de la enorme cantidad de gente que conocía su labor. Su primera reacción fue rechazar el premio. ¿Por qué iba a recibir un premio por llevar a cabo la obra de Dios? Ya tenía suficiente recompensa en el amor de los cientos de niños que había rescatado. Al final, sus colaboradoras convencieron a Amy para que aceptara la medalla como reconocimiento de las necesidades de los niños de la India. Sin embargo, nada ni nadie pudo convencerla para que asistiera a la ceremonia que sería celebrada en Madrás. Amy aborrecía que le tomaran fotografías o que la colocaran en el centro de atención.

Además, había dedicado gran parte de su vida a criar sus niñas, y se necesitaba un motivo más importante para ausentarse por una sola noche. Para ella, el hecho de recibir una medalla del gobernador de Madrás, en nombre del rey de Inglaterra, no era suficientemente importante.

A los seis meses de la llegada del bebé Arul llegó un segundo niño a la casa de Dohnavur, luego un tercero y un cuarto. Arul Dasan y las mujeres se esforzaban por cuidar de los niños, pero era evidente que necesitaban más hombres que ayudaran en la tarea. Amy imploró a Dios que enviara más obreros varones, pero en vez de ello recibió cada vez más niños. En 1926, ocho años después, llegaron a tener ochenta niños, cuyas edades oscilaban entre recién nacidos y catorce años. Entonces recibieron la visita del doctor Murray Webb-Peploe, el cual era hermano mayor de Godfrey Webb-Peploe.

Desde la India, el doctor Webb-Peploe se disponía a viajar hasta la Misión al Interior de la China. Pero China se hallaba inmersa en colosales cambios políticos, y cuando su hermano Murray llegó a Shanghai se enteró de que todos los extranjeros debían abandonar la zona a donde él había sido enviado. Después de pasar varios meses en Shanghai decidió regresar a la India para ayudar a su hermano, y en mayo de 1927 volvió a Dohnavur. Ofreció sus servicios a la familia de niños y ésta los aceptó de buen grado. Amy ya contaba con sesenta años y Murray y Godfrey aliviaron mucho el peso de la responsabilidad diaria por la numerosa familia que ahora tenían.

El doctor Murray trabajaba en una cabaña de adobe llamada *suha vasal*, que significaba «puerta de salud» La cabaña era tan pequeña y tan escasamente equipada que casi no merecía tener puerta, así que el doctor Murray y Amy empezaron a orar por un hospital idóneo.

La familia necesitaba urgentemente un hospital por varias razones. Primera: la creciente familia tenía constante necesidad de atención médica. Segunda: no había hospital en la comarca, y un hospital proporcionaría una manera hermosa de servir a las aldeas cercanas a Dohnavur. Tercera: un hospital ofrecería a los «graduados» de la comunidad de Dohnavur un centro de instrucción para aprender una especialidad laboral. Esto era muy importante. Amy, las «accals» (hermanas mayores), y los «annachies» (hermanos mayores), eran la única familia que tenían los niños. Incluso aquellos que conocían todo su linaje familiar habían sido desposeídos por sus familias.

En la sociedad india normal las niñas ya estaban casadas a los catorce años, pero Amy no quería concertar matrimonios para las chicas, lo cual significó que había muchas jóvenes mayores, solteras, en Dohnavur. Para los niños indios, el hecho de pertenecer a una familia significaba conocer su lugar en el sistema de castas, y por lo tanto no sabían qué empleo tendrían cuando fueran adultos. Dado que la familia de Dohnavur no tenía nada que ver con el sistema de castas, no había manera de que los niños obtuvieran empleos útiles fuera del recinto. Un hospital podría resolver el problema. Habría muchas profesiones que aprender. Algunos jóvenes podrían llegar a ser auxiliares de farmacia, o de laboratorio, contadores, enfermeras, o incluso médicos.

Amy tenía en mente un hospital de alta calidad. Dispondría de una sala de operaciones, un pabellón de maternidad, pabellones de aislamiento para cuidados intensivos, y una sala de oración. El muro exterior del hospital estaría rodeado de pequeños cuartos con fogones para cocinar. Esto era necesario porque los familiares de una persona enferma, que estuviera interna en el hospital, acudirían a prepararle la comida. Para preservar la casta tenían que preparar los alimentos en privado, apartados de la vista de otras personas de castas inferiores. Amy no estaba de acuerdo con el sistema, pero se daba cuenta de que si no proporcionaba los cuartos para cocinar, nadie llevaría a sus enfermos al centro.

El proyecto del hospital era costoso. Se estima-
ba que el edificio costaría la enorme suma de diez
mil libras esterlinas. Como de costumbre, Amy no
haría ninguna petición económica. Si Dios quería
que construyeran el hospital —recordó a la gran
familia—, él proveería el dinero. Se diseñó el plan
del hospital, y la familia esperó y oró. A medida que
hacían esto llegó una donación de dinero en efec-
tivo, pero no iba destinado al hospital, sino a una
Casa de Oración. Un viejo carpintero de una población cercana donó dos meses de su salario a la familia Dohnavur para comenzar a edificar tal casa.
Le dijo a Amy que era lamentable que incluso la
más pequeña aldea de Tamil Nadu contara con un
templo o santuario a los dioses hindúes, y sin embargo, Dohnavur no tuviera una casa de oración
delante del Dios viviente.

Amy dudó si una Casa de Oración sería más
importante que un hospital. Un día, orando acerca
del asunto, sintió que Dios le indicaba que una vez
que estuviera finalizada la casa de oración, él proveería el dinero para el hospital. Amy lo anunció a
la familia aquella misma noche. Se construiría primero la casa de oración y después el hospital. En
seguida fluyó el dinero para la casa de oración. Algunas eran cantidades considerables, pero la mayoría eran pequeños donativos que iban sumando
sin cesar. Incluso los niños más pequeños se unie-
ron al proyecto. Se conformó un pequeño grupo
que entregó a Amy una nota que reflejaba su esfuerzo para ahorrar dinero. Entre otras cosas, pro-
metían: «No gastaremos jabón ni dejaremos que el

jabón se disuelva en el agua y al sol. No daremos nuestra comida a los pájaros ni a los perros. No derramaremos la leche».

En noviembre de 1927, la familia tuvo, por fin, un lugar permanente en donde orar y dar culto a Dios. Como siempre, Amy organizó los servicios religiosos en el nuevo edificio teniendo en cuenta la edad de los niños. Los cultos se limitaban a media hora. Ella sabía que los niños no pueden concentrarse por mucho tiempo, por eso habría mucha variedad durante el culto. Los niños se sentaban con las piernas cruzadas, en fila, los más pequeños delante y los más altos detrás. No se podía hablar en el interior, aunque los niños hacían mucho ruido cuando cantaban. A los niños pequeños se les dieron banderas para que las ondearan al son de la música. A los mayores, tambores y maracas para acompasar los himnos.

Una vez que la casa de oración estuvo en servicio, Amy estuvo cierta que había llegado el momento de comenzar a edificar el hospital. Por supuesto, lo primero que había que hacer era esperar que Dios proveyera los fondos. No tuvieron que esperar mucho. El 28 de junio de 1928 llegó en el correo la suma de mil libras esterlinas. Se había recorrido una décima parte del camino. Como con la casa de oración, el resto del dinero llegó en cantidades pequeñas. Los propios niños recaudaron algo de dinero vendiendo latas de petróleo llenas de «moras de margosa» por un valor de media rupia cada una (las moras de este árbol se aplastan para obtener aceite para cocinar).

Cuando el hospital se terminó de construir, se puso inmediatamente en funcionamiento. Acudía gente de varios kilómetros a la redonda para recibir tratamiento médico. Muchos de ellos se impresionaban al ver que los cristianos les servían voluntariamente. Todos los miembros de la familia Dohnavur ayudaban en el hospital de una manera u otra. Algunas noches se les repartían, incluso a los niños más pequeños, linternas de brillantes colores. Luego paseaban por las sendas portando las linternas y cantando dulcemente himnos cristianos. Sus suaves voces penetraban en el interior del hospital y ayudaban a todos los pacientes insomnes a quedarse dormidos.

Amy continuó trabajando incansablemente. Le asombraba el crecimiento que había experimentado el ministerio cristiano, el cual tuvo un modesto principio, años atrás, en Pannaivilai. También se asombraba de que después de tantos años hubiera todavía tanto trabajo por hacer.

Amma

Amy salió del carro y ciñó su sari por el hombro. El viento comenzaba a azotar con mayor fuerza en aquel momento. Cuando levantó los ojos hacia el cielo supo que tenían que darse prisa. Estaba a punto de oscurecer. Amy y varias mujeres de Dohnavur fueron a inspeccionar las reformas de un nuevo dispensario en Kalakada, localidad situada a unos cuantos kilómetros de Dohnavur.

Corría el mes de septiembre de 1931, y aunque el dinero escaseaba, Amy sintió un interés renovado por alcanzar los pueblos próximos para Cristo. Ese fue el motivo que le llevó a Kalakada. Dos mujeres de la familia de Dohnavur habían esperado cinco años para instalar un dispensario en el pueblo, en donde finalmente se encontró una casa adecuada para esta obra. Al principio nadie quiso

alquilar sus propiedades a los cristianos, pero Amy
y las dos mujeres lograron convencer a un propietario que tenía una casa «encantada» y llevaba tres
años sin habitar. El hombre aceptó finalmente alquilar su casa a Amy. ¿Quién iba a alquilar una
casa encantada si no fueran los cristianos? Una
vez por semana, Amy se trasladaba a Kalakada para evaluar el progreso de las reformas que se estaban haciendo en la casa. Ella quería que todas las
cosas en el dispensario estuvieran bien organiza-
das para las enfermeras. Aquella tarde, el propietario no estaba en su casa, y pasó algún tiempo hasta
cuando lo encontraron para pedirle que abriera la
puerta del futuro dispensario.

Finalmente, cuando lucían los últimos rayos de
sol, las mujeres penetraron en la casa. Amy inspec-
cionó las nuevas vitrinas y las estanterías. Tenían
buen aspecto. Luego salió fuera para asegurarse
que el patio estaba limpio. Ella no vio el hoyo. De
repente, cayó de bruces. Oyó un chasquido y sintió
un dolor agudo en su pierna derecha. Quedó tendida en el suelo, presa del dolor. Las otras mujeres
fueron a pedir socorro. La consolaron y la reanima-
ron mientras alguien iba a Dohnavur a conseguir
una carreta. La carreta se presentó en un tiempo
récord y Amy fue tendida en una camilla y colo-
cada en la parte trasera. La carreta no tardó en llegar a Dohnavur, en donde la doctora May, médico
del hospital, examinó las lesiones de Amy. Al com-
probarlas, sacudió la cabeza. Amy, a sus sesenta y
tres años, tenía una pierna rota y un tobillo tor-
cido. Necesitaba ser atendida por un especialista

ortopédico en otro hospital. La doctora May le aplicó una inyección de morfina para aliviar el dolor y se sentó a su lado, mientras tanto la carreta traqueteaba de un lado a otro por la serpenteante carretera la cual conduce a Neyoor, cuyo hospital contaba con un especialista ortopédico.

El especialista le colocó un molde de yeso y le vendó el tobillo. Después de varios días en el hospital, Amy pudo volver a casa. La pierna le sanó y pudo salir a la terraza que daba a su habitación. La hinchazón del tobillo desapareció y pudo ponerse zapatos, pero algo no iba bien. El dolor en la espalda no disminuía. Y mientras su cuerpo sanaba, su espalda empeoraba. La doctora May y también el doctor Webb-Peploe comenzaron a preocuparse. ¿Tenía Amy algún otro problema? El tiempo lo diría..., y lo dijo. La realidad se fue revelando lentamente. Amy sufrió con la caída un daño irreparable en la columna, y como consecuencia, quedó parcialmente inválida. Aunque la pierna rota le sanó, durante los veinte años siguientes, nunca pudo dar más de unos pocos pasos o levantarse de la cama por más de una hora, más o menos.

Afortunadamente la realidad se reveló de una manera lenta, pues le tomó mucho tiempo a Amy hacerse a la idea de que estaba minusválida. Amy había sido una persona muy activa toda su vida, y le resultaba difícil aceptar su nueva condición. Al mismo tiempo, le gustaba estar en su dormitorio, al que llamaba Aposento de paz. La habitación tenía una estantería llena de libros de inspiración cristiana que los amigos le habían hecho llegar poco a poco. Amy no había tenido ocasión de leer muchos de ellos, pero ahora sí podía. Fue construida una gran jaula de pájaros en la terraza para que Amy pudiera contemplar las avecillas y los canarios desde su cama. A veces Amy convencía a su enfermera de que dejara a los pájaros revolotear libremente por su habitación. Los pájaros ensuciaban mucho, pero a Amy le encantaba alimentarlos y permitirles que bajaran a posarse sobre ella. El jardín al que daba su ventana se mantenía particularmente hermoso: las buganvillas y los jazmines se enroscaban delicadamente en torno a los pilares que estaban en la terraza.

A pesar del ambiente exterior y de la amabilidad de la gente para con ella, Amy se preocupaba por el hecho de ser una carga para los demás. Desde el día en que ella y sus dos hermanos ayudaran a la anciana que llevaba el saco de leña a la espalda —hacía muchos años en Belfast—, Amy había vivido para servir a los demás. Ahora necesitaba ser ayudada casi a cualquier hora del día. Era muy duro para ella aceptarlo. Amy era una clase de persona que odiaba que le tomaran fotos. Solía escribir sus experiencias personales como si fueran aventuras vividas por otros, para no llamar la atención sobre sí misma. Ahora todo el mundo sabía que estaba inválida y que necesitaba ayuda. Había pasado muchos años dedicada a los demás y no quería atraer la atención sobre su persona. Le resultaba incluso difícil hablar con los médicos acerca de su salud. Antes prefería hablar con ellos de otras cosas más importantes.

Pero incluso desde su lecho de inválida, había algo que Amy aún podía hacer. Podía hablar a través de sus escritos. Todavía podía declarar al mundo el desafío que suponía la gran necesidad espiritual de la gente en la India. Por muchos años sus financiadores y amigos le habían rogado que escribiera la historia de Dohnavur. Lo hizo en un libro titulado *Cordón de oro.* Pero eso fue sólo el principio. Sentada en la cama, año tras año, fluyeron de su pluma muchas canciones, cartas, poemas, y otros trece libros.

Uno de ellos relata la historia de la niña que siempre fue muy especial para ella: Arulai. El libro se titula *Bajo el arado,* y comienza con la llegada de Arulai a la puerta de la casa de Amy, treinta y tres años atrás. Arulai tenía cuarenta y nueve años cuando Amy sufrió el accidente. Todo el mundo asumía que ella se haría cargo de buena parte de la responsabilidad de Amy. Pero no fue así. Poco después del accidente de Amy, Arulai contrajo la viruela. Se recuperó, pero no por completo. A veces se sentía tan débil que tenía que permanecer en cama por varios días, en el dormitorio contiguo al de Amy. Ambas intercambiaban notas con peticiones de oración y versículos bíblicos.

Durante tres años la salud de Arulai fue bastante precaria, hasta que, en mayo de 1939, murió y fue enterrada en el Jardín de Dios, junto a muchos otros niños. El dulce canto de los niños ante la tumba de Arulai flotó armoniosamente sobre el Aposento de paz y saturó a Amy de tristeza y de gozo.

A lo largo de los años restantes, Amy oró por
sus dos países adoptivos; oró por Inglaterra. En 1939
le llegó la noticia de que el primer ministro de Inglaterra, Winston Churchill, había declarado la guerra
a la Alemania de Hitler, y más tarde a Japón. Era
un asunto especialmente delicado para la familia
misionera, ya que habían misioneros alemanes
trabajando entre ellos.

La Segunda Guerra Mundial fue cobrando ím-
petu y en 1942 daba la impresión de que Japón
podría conquistar Singapur y posiblemente avan-
zar hacia la India. Se diseñaron planes para la eva-
cuación de Dohnavur en caso de que ese ataque se
produjese. Gracias a Dios nunca se produjo. Sin
embargo, al igual que la Primera Guerra Mundial,
la Segunda impuso dificultades económicas para la
comunidad de Dohnavur. El precio de los alimentos básicos, tales como la harina y el arroz, se mul-
tiplicó por nueve. Por si esto fuera poco, el correo
desde Inglaterra se tornó inseguro, y muchos che-
ques enviados a Amy nunca llegaron a sus manos.
En medio de todas las dificultades causadas por la
Segunda Guerra Mundial, Amy oraba por su extensa
familia desde el Aposento de paz.

Amy también oró por la India, el país que amaba y en el que vivió el mayor tiempo de su vida. En
1947 la India se hallaba inmersa en una larga disputa por la independencia, la cual estaba dirigida
por Mahatma Gandhi, quien era tan sólo dos años
más joven que Amy. Ambos soñaron con una India
diferente, y ambos lucharon por las mismas cosas;
Gandhi se esforzó por terminar con el sistema de

castas y fomentó la educación de las mujeres. Pero
su lucha fue política, mientras que Amy luchó por
un cambio que suponía la apertura del corazón de
las gentes al amor y al poder de Dios.

Cuando la India se zafó del control de Inglaterra, la nación comenzó a desgarrarse. Los musulmanes del norte exigieron que su país se separara
del de los hindúes, y Pakistán se separo de la India
para convertirse en hogar de musulmanes. En medio de todo el desorden que sacudió a la India, Amy
oró fielmente por el país.

A través de los años, el Aposento de paz siguió
siendo un rincón en donde la gente hallaba sabi-
duría, amor y ánimo. Amy rara vez olvidaba escribir una nota en el «día de la llegada» de un niño: el
día que conmemoraba su llegada a Dohnavur. Siempre estaba animando a todos los miembros del personal que laboraba allí. Participaba regularmente
en la dirección de las actividades de la gran familia
desde la cama. Aunque llevaba muchos años inválida, Amy tenía cientos de amigos que la querían y
la cuidaban. Las palabras que Dios le diera en la
cueva de Arima, en Japón —hacía más de cincuenta años—, eran verdaderas. Él le había prometido
que aunque no se casara, nunca estaría sola; y nunca lo estuvo. Fue una madre para cientos de niñas
y niños, y una amiga para muchos otros.

Lentamente las fuerzas de Amy fueron menguan-
do, y su enfermera notó que dormía cada vez más.
El 18 de enero de 1951, por la mañana, no se despertó. Pocas semanas después de cumplir ochenta
y tres años «pasó al otro lado», como ella solía decir

cuando hablaba de la muerte. Los responsables y los niños de la familia de Dohnavur entraron de puntillas en su habitación para ver por última vez a su querida Amma.

La familia supo lo que debía hacer. Unas semanas antes Amy les había arrancado la promesa de que la enterrarían en el Jardín de Dios, exactamente como habían enterrado a los que la precedieron. No debía armarse ningún alboroto, ni usarse ataúd, ni lápida que marcara su tumba. Como ella lo había deseado, el cuerpo de Amy —envuelto en un sari— fue depositado sobre una tabla grande. Los niños recogieron cientos de fragantes flores y las depositaron sobre su cuerpo hasta formar un montón que la cubrió completamente. Al mediodía, su cuerpo fue trasladado a la iglesia del pueblo. Cientos de personas hicieron fila para rendirle honor. Y su viejo amigo, el obispo Selwyn de Tinnenvelly, se apresuró a llegar a Dohnavur para dirigir el funeral, abierto al público. Luego, mientras las campanas de la torre de oración repicaban uno de sus himnos favoritos, Amy fue trasladada lentamente al Aposento de paz para recibir la despedida de su familia en privado. Por último, la tabla sobre la que descansaba su cuerpo fue elevada sobre los hombros de sus «hijos». Un coro de angelicales vocecitas entonó los cánticos que Amy les compusiera, mientras su cuerpo fue transportado al Jardín de Dios. Amy Wilson Carmichael recibió reposo bajo un tamarindo en Dohnavur. La familia prometió no marcar su tumba con una lápida, pero confió en que se le perdonara colocar en su lugar una fuente para los pájaros. La fuente tenía una sola palabra labrada sobre la piedra: Amma.

Bibliografía

Elliot, Elisabeth. *A Chance to Die.* Fleming H. Revell, 1987.

Houghton, Frank L. *Amy Carmichael of Dohnavur.* Cruzada de Literatura Cristiana, 1992.

White, Kathleen. *Amy Carmichel.* Bethany House Publishers, 1986.

Janet y Geof Benge forman un equipo de autores con una experiencia de más de treinta años. Janet fue maestra de escuela primaria. Geof es licenciado en historia. Ambos proceden de Nueva Zelanda y prestaron diez años de servicio a Juventud con una Misión —JUCUM—. Tienen dos hijas, Laura y Shannon, y un hijo adoptivo, Lito. Residen cerca de Orlando, Florida, Estados Unidos.

Esperamos que la lectura de este libro haya sido de su agrado. Si desea hacer algún comentario al respecto puede escribirnos a la siguiente dirección:

Editorial JUCUM
P.O. Box 1138
Tyler, Texas 75710
Estados Unidos

Correo electronico: info@editorialjucum.com
Página web: www.editorialjucum.com
Teléfono: (903) 882-4725